讚美日記

日本最受歡迎的生命課程

手塚千砂子——著
詹慕如——譯

〈推薦序〉

隨時用心靈寫「讚美日記」，化垃圾為能源

財富心靈導師　周思潔

看完手塚千砂子寫的《讚美日記》，我的腦海中浮現了一句話：「簡單的事物中，往往有不簡單的意涵。」想不到只是看見自己的優點，並給予支持及讚美，就能有源源不斷的好事發生，真是太簡單也太不可思議了。

自從我歷經台灣最嚴重的汐止東科大火，三百多坪的辦公室付之一炬，又逢國際詐騙，再遇假助我重整公司之名、行破壞之實的有心人士，並因當保人而受牽累……整整新台幣一億元的「天課」，讓我至少得花十二年才能陸續還清。那過程的驚悚、受苦、煎熬……讓我常有感而發地說：「地獄人間就有！」

然而，我雖備極辛勞卻不見滄桑，雖痛苦連連卻毫不叫苦，雖努力還債卻也樂在其中……我發現在眾人驚歎之中，看了此書後，我才發現原來我能「關關難過，關關

過」，正因我隨時都用心靈在寫讚美日記。因此，我擁有了化垃圾為能源、化腐朽為神奇的魔力。且因教學所需，我常將這些正向的心念化成文字分享給學生，並在課堂中鼓勵學生用手寫方式記錄成冊，這也再度呼應了本書作者強調親手寫筆記的效用，可促進大腦前額葉區的血液循環，幫助活化，但使用電腦等電子機械反而會讓血流變差。因此若不親手寫，就太可惜了。

人類的「頭腦」往往喜歡得來不易的感覺，似乎那才顯得珍貴。但其實真理往往潛藏在平凡中。因此如果現在有人問我：「周老師，妳是如何穿越重重阻礙的？」我會告訴他：「因為我早就在寫讚美日記了！」

〈推薦序〉

做自己的粉絲，用力按讚吧

作家 貴婦奈奈

這本書再次印證自我感覺良好有多棒！愛與讚美不但可以改變水的結晶，也會改變我們的人生。讚美非常有力量，我們最好培養讚美自己、讚美別人的習慣，就算別人吝於讚美你又如何？你一定要當自己的粉絲！用力地讚美自己吧！

〈推薦序〉

讓你全然接納自己、愛上全世界的「讚美日記」

能量繪畫創作者 卡薇雅

生命有許多巧妙的安排，與本書的相遇就是這讓人會心微笑的緣分。我這些年的工作，就是不斷與許多人分享「找到自己的快樂」與「只要做自己喜歡的事情，生命就自然轉向豐盛美好」，祈願更多人因著這樣的分享，能重新與自己的心還有內在連結上，開始「感受」自己，真正地享受生命。

今年年初，天外飛來一記靈感，想來弄個「讚美小筆記書」吧！心中這麼想著，如果可以讓更多的人，天天都可以真心看待自己，把對自己的喜愛寫下來，給自己按「讚」，一定是非常愉悅的事啊！這想法後來卻因為其他事情不斷湧來，一直沒有付諸行動。

當方智出版社捎來邀請、要我寫推薦序時，看著這本《讚美日記》，雖然我完全不認識手塚千砂子女士，卻忍不住在空中跟她打招呼：「嗨，很高興認識妳！」在宇宙意識海中，**我們之間彷彿有了一條美妙的連結，因為我這麼想做的事情，在海洋的另一端已經有人實踐且行之多年，幫助了非常非常多的人重新找回自己，多麼令人雀躍啊！**

我們在制式教育與社會集體意識中成長，過程中以不斷競爭、比較來刺激我們的學習，我們的學習重點便被放在不斷補足欠缺與不擅長的部分。長久下來，許多人看見的都是自己的缺點與需要改善的地方，於是那個想要改變自己的念頭越來越巨大，卻也越來越難成真。然而比較的思維卻一日也沒有離開過，於是不開心的人越來越多，越不開心就越想要改變自己；越想要改變自己，卻因為不斷失敗又更難過，之後便產生更多的自責與無自信感，形成一個循環不已的「自我否定迴路」，而且感覺好像怎麼翻轉都沒有出口。

《讚美日記》就從這裡切入，就是這麼簡單：**請別再一直想要改變自己，因為這就是你受苦的根源——無法「接納」自己。**對很多人來說，接納自己是非常困難的，因為我們的習慣是挑剔自己之後，再加以改造，所以嚴格來說，我們根本連從哪裡接納起都是問題，就是覺得自己不好，怎有辦法接納那些不好的地方呢？**《讚美日記》請你先從你「現在」可以接受與讚美的地方開始，一日一日逐條親手寫下；**慢慢的，你腦內的

「自我讚美迴路」就會產生，而我們腦神經的連結原理是「用進廢退」，當我們不斷使用這條迴路，自然就能拓寬迴路，取代原來的「自我否定迴路」。

只要每天寫寫讚美自己的話，看似簡單，其實蘊藏著深刻的宇宙真理。當你不再想著要改變自己，而是全然接受自己時，你開始「愛」自己：你的內在將不再有抗爭，你會感受到無比的喜悅與寧靜祥和，你會開始珍視自己是獨一無二的存在，並看見「心裡的光」。因為缺乏「愛」是生命一切問題的根源，當我們無法接納自我，我們是沒有能力辨認出「愛」的。隨著不斷讚美自我、接納自我，越處在這種愛自己、珍視自己的美好狀態時，我們自然就會產生超脫的觀點，並與較高頻意識共振，便能在生活中採取建設性、利他性與創造性的作法，自然而然創造出正面的事件，而正向吸引力又會吸引更多美好事物來到你的生命中。因著這個自我讚美的行動，你自動遠離了原來的低頻意識（重複性、強制性與破壞性），開始清除過往的失敗模式，重新認同自己，建立自信，並享受生活與他人的連結。

「嗨，朋友！」就是你，正在翻閱此書的你，你會在此時此刻翻閱此書絕不是偶然或巧合，這是一個「安排」，這安排又來自你內在的渴求，你希望自己的生命能有些不同！我們活在過去的制約中，以為生命就只能這樣，如果我們知道生命有其他可能，你願意試試嗎？你一定沒好好看過自己，更不習慣讚美自己，停下來，看看書中的朋友如何從痛苦的生活、討人厭的自己、失敗的生命、無法融入社會的困窘、被負面思維包圍、嚴重憂鬱傾向中重生；看著他們從真的不知道自己好在哪裡，慢慢一句一句讚賞自己的過程，跟著他們成長轉變的腳步，你也彷彿隨之一步步邁向新生命，臉上也會輕輕揚起一抹微笑。來吧，就在此刻寫下讚美自己的第一句話吧！你會開始深深愛上自己，之後深深愛著他人，而後深深愛著全世界！

目次

Chapter 2

喜歡上討人厭的自己

Chapter 3 原諒自己多少，就能原諒別人多少

Chapter 4 欣喜發現自己的堅強

Chapter 5

以讚美日記活出自我的人

〈前言〉

生命的根柢，要自己照料

人因受到肯定而發光

「讚美日記」是一本自己讚美自己的日記。

你必須注意到自己的優點，有意識地把這些讚美寫成句子。

若是可以，最好天天寫。

聽到這裡，你有什麼感覺呢？

「什麼？誇獎自己有什麼意義？」

「我才不想做這種事呢。」

「這樣會變成怪人吧……」

心裡是不是會跑出這種念頭呢？

或是覺得：

「聽起來很有趣，這麼做會有什麼效果呢？」

「自己好像很少會注意到自己的優點呢，不妨來試試看吧。」

我想，前者多半是認為應該嚴以律己、個性認真的人，而後者則是好奇心旺盛，具有實踐力的人。不知你是否認同？

其實無所謂對錯，聽到同一件事情，每個人本來就會有不同的反應，這是個性，也是思考的習慣，正所謂一樣米養百樣人。知道自己的個性或習慣，發展好的部分、修正負面的習慣，並且讓潛藏在內心的能力，或者封閉的情感、感性等浮出表面，這就是「讚美日記」的功效。

讚美日記的目的在於引發我們對生命的尊重，發現自己擁有的可能性，帶來創造美好人生的力量。

……聽到這裡，你是不是也想試試看呢？

所謂生命，並不單只是表面看到的肉身或心靈。我們與生俱來的許多能力、意識、感覺、潛在能力、神祕存在，全都是「自己的生命」。

生命受到肯定時，都會散發光采、變得鮮活，展露出潛在的能力——

當我發現，只要依照這個法則養成習慣、自然而然就能夠獲得幸福時，便想出了「讚美日記」這個點子，並融入自我啟發原創課程、加以運用，距今已經持續二十年了。

讚美能活化大腦，自動產生讚美迴路！

此後，我累積了許多「讚美日記」實證研究的結果，了解到單獨運用「讚美日記」也能獲得充分的效果。

藉由「讚美」這類可以取悅腦（生命）的話語，能促進令身心舒適的血清素和多巴胺等荷爾蒙分泌，讓前額葉區（額葉前方部分，掌管思考力、感情控制、集中力、發想力、想像力、創造力、幹勁等等）更加活化。此外，「讚美日記」的手寫效果，還能讓前額葉區的血流更加順暢、促進活化，等於帶來二至三重的驚人效果。

不僅如此，每天寫「讚美日記」，腦中就會產生「自我讚美迴路」，思考方式會自動變積極，也能呈現尊重自我的意識。

基因工學村上和雄博士的研究便指出，肯定的想法和心態，能夠開啟尚未使用的優良基因開關，這麼說來，「讚美日記」可說具備讓人身上無限可能性甦醒的功能。

本書舉了許多「動人的讚美日記體驗」為例，這些人都從日常生活的痛苦中解放，找回了自我。

希望你也能參考書中人的經驗談，認識到不要否定自我，要「珍視自己、尊重自己」，**了解活著能有多輕鬆、能獲得多少心靈的幸福**。

在你的人生中，主角不是別人，而是你自己。

但是，我們所生存的現代社會中，這種尊重自己生命、想重視內在生活（心情）等理所當然的心靈需求，都被物化的價值觀給抹滅、封閉了，不論是社會或個人皆然；結果我們在喪失心靈依靠的狀態下，只好繼續追求物質——我總覺得人一直陷入這樣的惡性循環中。

對於活得很痛苦的人來說，我想他們內心深處都了解「現在該回歸以自己為依歸、重視心靈的生活方式」，以及「若不這麼做，整個社會將會看不見具有人性的方向」。

「總覺得很奇怪」「不管是我個人或這個社會，都不應該這樣下去」，因為心中出現這些警訊，敏感又單純的人才會覺得痛苦吧。而我認為，這也是他們的心靈之所以會生病，或者覺得活得痛苦的導火線。

輕易啟發原本的自己

「到目前為止，我為了改變自己，不知道讀過幾十本書。剛開始總抱定這次一定要成功的決心，打定主意一定要實行書上的內容，但幾乎都沒能持續，每次都會再度覺得自己真沒用，陷入沮喪。」

利用「讚美日記」獲得成果的朋友們，經常會說起這樣的故事。這些朋友異口同聲地說：

「我第一次能持續這麼久。」

「第一次這麼快就看到成果。」

大家都很想知道其中的理由。

因為方法簡單，人人都能做到，才能持續下去嗎？

不，不管方法再簡單，如果沒有感受到效果，也不會持續下去。

心裡認為「我不管做什麼都做不好」的人之所以能持續，是因為當他們進行一星期之後，就可以感受到一星期份的效果——心情變得開朗、平靜。因此會開始覺得「這或許行得通」。

近來自我啟發風潮盛行，書店裡擺滿了自我成長的相關書籍，不過，許多書都是以「積極又有行動力的人」為對象而寫的。

換句話說，這些書都是以「讀者具有自我尊重感」為前提而寫，幾乎沒有書針對每天都活得很辛苦、自尊低落的讀者提供實踐的對策。所以別說有效了，每次買書都很容易讓自己赤裸裸地看見「無能的自己」，陷入負面漩渦……

「讚美日記」是藉由「稱讚自己」來喚醒尊重自己的意識（自尊感），促進大腦活化，提高幹勁和持續力、集中力等，所以可以輕易就啟發原本的自己。

不管是繪畫或運動，任何事都要先學會基本才能進步。自我啟發也一樣。跳過基本步驟，就無法往前進。

尊重自己的生命、存在——人類對生命根柢的意識普遍偏低，我認為有必要自覺並提高這種意識。為什麼奮勉努力卻往往無法收成呢？我想問題或許就出在這裡。

只要根基扎實，每個人都可以讓原本的生命綻放美麗的花朵，讓人生結實纍纍。

藉由「讚美日記」展露的內在發現和豐沛意念，剛開始或許很微小。但是，只要自然而然養成讓自己的意識面對這些發現或意念的習慣，最後一定會獲得巨大的正面變化和自我發現。

請你也務必利用「讚美日記」，體驗一種不自責、讓內在潛力和智慧浮現的生活方式。

重視心靈聲音的同時，卻並不孤立，具有能在現今社會中發揮自己長處的力量——光是想像這樣的自己，豈不就已令人雀躍？

「讚美日記」的寫法與重點

「讚美日記」的寫法基礎，在於使用「讚美的話語」。日記並非用於說明今天發生的事，而是「使用讚美話語來讚美今天的你」。請準備好筆記，試著親手寫寫看。本書第二十九頁列舉了「讚美話語」，書寫時請務必作為參考。

那麼什麼時候應該讚美呢？有這種疑問的人，請注意以下十種情況：

①請把這當作每天該做的工作。如果寫了三天又忘了一個星期，只要再次開始就可以了。不要輕言放棄，覺得「我不管做什麼都無法長久」，只要想起這件事，就馬上再次開始書寫。久而久之，就會慢慢養成每天書寫的習慣。

②喪失自信時，讚美自己。

③不安的時候，讚美自己。

④有人說自己壞話時，讚美自己。

⑤人際關係不順利時，讚美自己。

⑥失敗時，讚美自己的經歷與所學。

⑦「想讓事情成功」「想挑戰新事物」的時候，讚美自己。

⑧身體狀況不佳時，讚美自己。

⑨覺得有氣無力時，讚美自己。

⑩希望人生好轉時，讚美自己。

換句話說，愈想否定自己的時候，就愈該養成尋找自己優點的讚美習慣。

進步的訣竅在於，即使抗拒讚美、覺得不習慣，也要使用讚美話語來「模仿讚美」。一開始模仿其他人的內容也沒關係，慢慢會形成「自我讚美迴路」，就能毫不費力地稱

好用的讚美話語　範例

好厲害喔
好棒喔
充滿了好多愛！
充滿了力量
有很棒的力量
能做到這樣已經很足夠了
太精采了
真感人
太好了！
真成熟
成長了很多
做得不錯嘛
真帥氣
讚！
好可愛~
做得很好
很了不起
豎姆指
真是難得
佩服佩服
幹得好
很努力呢
天才！
一點問題也沒有！
很有魅力
真是個好孩子
好強喔
很好、很好
不錯、不錯
很聰明
很棒很棒
very good
功夫很扎實呢
好有毅力
整個人都閃閃發亮呢
萬歲！
不錯，繼續這樣保持下去吧
真的很努力
好迷人的男人（女人）
心胸好寬大喔
真是個好丈夫（妻子）
真有勇氣
好積極
真有包容力
又更進步了呢
好體貼
獨特的敏銳度
情緒真豐富
頭腦真靈光
狀況不錯喔
真是太閃亮了
心胸好寬大喔
只要動手就能辦到嘛
真是個好爸爸（媽媽）
好聰明哪
好！OOO（自己的名字），做得好！
今天頭腦反應真快
這就是你的優點
都要迷上你了
真可靠！
長處就在這裡
這就是你的優點

讚。本書的每篇經驗談都會設置「讚美日記寫作技巧」專欄，解說書寫的重點，也請務必參考。

另外，書中出現的人，有經診斷為憂鬱症、接受藥物治療的人，或者苦於憂鬱症狀態的人，不過本書僅直接呈現當事人的感想、見解及恢復狀況作為參考，並非解說心理疾病的處方。每個人的狀況都不一樣，書寫「讚美日記」並沒有特定的規則，也沒有寫到第幾天就會變得如何等固定進度。

慣於依賴說明書生活的現代人，很容易會有「必須依照書上寫的去做才行」的觀念，但請不要著急，保持輕鬆從容，帶著這個態度來閱讀本書即可。

chapter 1

讓痛苦的每一天變得愉快

練習用複眼看自己——找出自己的價值

「無法跟人建立起良好關係。」

「工作不順利。」

「不管到哪裡都找不到歸屬。」

我經常遇到很多人，都因為面對這樣的現實而卻步不前。已經付出努力，卻無法如願；老是徒勞無功，導致心靈再也無法變得積極正向。

你是不是也曾經覺得自己是個「沒用的人」「活著沒有一點價值」呢？是不是偶爾覺得只有自己一無是處呢？明明事實並非如此……

我們的社會對人的看法或價值觀，最近似乎突然變成單眼式。我們也在不知不覺中，受到非勝即敗或上下階級這種片面區分人的社會風潮所影響。你是不是也在這樣的框架中，判斷自己的價值呢？

不僅如此，在一味追求效率、忽視人性而充滿壓力的社會環境中，我想當然會出現許多覺得活得很辛苦、心靈生病的人。

一旦開始覺得自己不被社會接受，難以適應，就會被「我不該活在這世上」的不安和絕望感所吞噬。

這時，如果了解如何不被推往負面方向與找到自己價值的方法，我們一定可以更自在地面對社會，一邊摸索適合自己的生活方式，同時抱持著希望而生。

我想許多覺得「活得很辛苦」的人，都做過很多努力，試圖改變自己，想在反覆的嘗試中往前邁進，可是每次都會面對事與願違的現實。

「讚美日記」對這種人，有特別驚人的效果。這是一種讓人聽了絕對會瞠目結舌的方法。

你絕對不是一個「沒用的人」。**如果社會用單眼來看待你，那麼你不妨練習用複眼來看自己，找出原本存在你內心當中良善、有價值的東西？**

在你動腦思考之前，請先準備好筆記本和筆，從現在就開始，讓你往後的每一天都能過得愉快。別擔心，這次一定沒問題的。

對未來的不安所引發的心靈疾病，全都煙消雲散！

——小森加奈子（四十二歲）

「我在對人生感到絕望時，認識了『讚美日記』。人際關係和工作都不順心，覺得事情似乎永遠都無法解決，腦中一片混亂。

「離婚後，剛開始一個人住時，心裡還抱著些許期待，覺得往後似乎可以有什麼新發展。現在回想起自己以派遣員工身分工作的那兩年，剛開始公司經營順利，其實也還算愉快；自從公司開始降低派遣員工的比例，日子就過得很忐忑。只要一想到不知何時會輪到自己被解雇，晚上就無法成眠……看到同事接二連三離職，胸口就會跳動得厲害，甚至還夢到公司告訴自己『明天開始妳不用來了』，每天腦子裡都被這件事占據。

「這些導火線引發了憂鬱症。只要服用醫院處方的抗憂鬱症藥物，不安就會消除，但反而會出現『算了啦，都無所謂了』的自暴自棄心態。就在自己覺得不能再這樣下去時，可怕的通知終於來了。」

十一年的婚姻生活劃下休止符，選擇了嶄新人生的加奈子，對未來並沒有明確的展望。她每天只懷抱模糊的期待，心想，只要一點一滴努力累積每天的生活，說不定能有什麼發現吧。對這時的她而言，工作不僅是收入來源，也是精神上的支持。而這穩固的支柱竟然開始動搖，也難怪她會陷入絕望的境地。

加奈子一度擔心，自己以後得過著住在網咖的生活，還曾經怯生生地跑到住家車站附近的網咖，去實際看看那到底是什麼樣的地方。「我沒有辦法住在這種地方。要是付不出房租該怎麼辦？說不定我會獨自孤老到死。死了以後會怎麼樣？要是沒人發現我怎麼辦……如果會給人帶來麻煩，還不如自殺，反正我的人生已經不知道要為何而活了……」

她每天不斷在腦中想著同樣的事，一個人苦苦掙扎著。

連自己都不敢相信的功效

某天，加奈子正在網路上尋找各種自殺網站和死亡的相關資訊時，根據她本人的說法──「發生了不可思議的事」，引導加奈子通往幸福的道路。

「我正在研究關於死這件事，『讚美日記』的畫面突然從我瀏覽的畫面下方跑出來。當時我還沒聽過這個詞，所以不是我去搜尋來的……」

讚美日記在YAHOO的搜尋關鍵字排行榜名列第七。這究竟是什麼？加奈子在網上搜尋時，剛好看到我到附近社區活動中心舉辦工作坊的消息。她心裡一驚，覺得這個訊息有如當頭棒喝，似乎在告訴自己「與其考慮自殺，不如思考如何讓自己變得更好」，於是馬上打電話向主辦單位報告，這就是加奈子與「讚美日記」的第一次接觸。

「開始寫『讚美日記』一星期左右，我變得相當平靜，態度也變得積極，心情開始轉變，想要重新整理以往嚴重糾結、幾乎無從著手、已經放棄一半的事物。這一點連我自己都很驚訝。

「這感覺就好像蒙著一層霧的腦中逐漸清晰透明，視野變好了一樣。該做的事情一項一項清楚浮現，像是還沒付的帳單、疏遠已久的朋友、斷絕聯絡的家人、整理房間等。

「原本只想舉手投降，覺得自己什麼也解決不了，現在卻能一件一件處理完成。一旦著手行動，我馬上就了解，其實以前只是自己以為無法處理罷了。我的心情慢慢改變，『根本不難嘛，真是的，這樣我或許辦得到』。實際上處理的效率也相當好，明明是自己做的事，卻連自己都不敢相信。」

宛如重生的感覺

加奈子有個習慣，對任何事都會抱著「像我這種人一定不可能啦……」的想法。她總覺得反正自己是個沒用的人，再怎麼治療也沒有意義。以往如果身體稍有不適，也不去醫院，帶著自暴自棄的心態，從來沒有要好好愛惜自己的想法。

自從開始寫「讚美日記」，她有了動機，期望每一天都是值得寫下「讚美日記」的美好日子。自然而然，就湧現了愛護自己的心情。她去看了牙醫、耳鼻喉科及整形外科，請醫生診療了以往所有在意的部分。開始治療後，就像重獲新生般，有種再活一次的新鮮感，不自覺昂然挺起背脊。

「我每天都寫『讚美日記』，從未間斷。剛開始，我為了讓這一天值得讚美付出許多努力，每天為此讚美自己；然而，過了三星期左右，即使不特地去製造、尋找值得讚美的地方，也能夠自然發現，讓我很期待寫日記。

「整理房間時，只要整理好一部分，就會在『讚美日記』上稱讚自己，並且讚美自己『想到』隔天要整理另一個地方的計畫。有趣的是，這麼一來整理工作就變得相當順利，心情也變得很好。

「即使沒能馬上整理完，也不會像以前一樣無力地認為『算了，再整理也沒有用』，而能以肯定的心態來看待，『現在正處於整理的過程中，不久就可以全部整理乾淨了』。所以心情變得平靜，很快就不需要抗憂鬱藥物了。」

摘自加奈子兩個月後的「讚美日記」

✎我開始喜歡這個從小就討厭的自己了。相信「奇蹟般與讚美日記相遇」的直覺，實在太厲害了。

✎以前我從不知道設身處地替他人著想，因為光是處理自己的事情便已心力交瘁，能發現這一點真是難得。現在我能夠主動體貼父母和身邊的人，簡直太棒了。短短兩個月就有這麼大的進步，我真是個天才。

✎開始有覺得別人可愛的感覺，為自己感動的我也很可愛。知道自己也有這樣的一面，讓我非常高興。太難得了。

✎對於完全不認識的人，也會在心裡替對方加油打氣，充滿善意，買東西會稱讚店員。能夠做到這些以前辦不到的事情，真的很了不起。這該不會是潛藏在我心裡的能力吧。

✎跟人見面時，會自然而然表現出正面的情感。這也是一項新發現！太棒了！以後不知道還會有什麼新發現，真是令人期待。

✎鏡子裡面的表情愈來愈棒了。眼睛感覺很有神，真不錯。光看自己的臉就能清楚知道內在的大腦也改變了，好有趣。所謂形成「讚美迴路」，原來就是指這個啊。只要繼續拓寬這條迴路就行了。原來做這些令人開心的事，就可以拓寬迴路啊。能透過自己的體驗了解這一點，就表示這已經成為我的一部分了吧？我竟然能認識這麼有趣的我，真是太神奇了啊！

原來我喜歡與人相處——發現新的自己

加奈子給我看這份「讚美日記」，是我第一次在講座上見到她又過了四個月之後。她的表情非常開朗，簡直判若兩人，所以跟我打過招呼後，我一時還認不太出來。

加奈子跟我聊了許多，她說現在正在學習居家照護二級的課程，比原先想的還要適合自己。

「課程非常有趣。老師經常稱讚我，很擅長讚美別人、很會形容之類的（笑）。我以前從事電腦文書工作，一直以為自己不擅長與人接觸的工作，沒想到我竟然會喜歡與人相處。一向覺得自己什麼都不會的我，會這麼愉快地挑戰新事物，真的很不可思議。要是沒有認識讚美日記，就不會有現在的我了吧。」

加奈子以往那「反正像我這種人一定不可能啦……」的思考習慣似乎不再出現了。即使偶爾出現，也開始懂得與自己對話，巧妙地改變心情，「其實我也有很多優點，就順著自己的風格，幸福活下去吧」。

加奈子略帶羞澀地說起自己的正面變化，表情就像個正在做夢的少女一樣。相信不久的將來，她很快就能感受到靠自己的雙腳踏實走在人生路上的喜悅和驕傲。

讚美日記寫作技巧①

★想法也可以讚美

在日常生活中，若是心裡計畫著「明天來整理這裡吧」，我們很少會因此而稱讚自己；不過，「讚美日記」卻把這個念頭也當作讚美的對象。讚美心中所想的念頭，可以再次確認自己的心情和該做的事都具有正面意義。不僅如此，這也等於是在無意識當中進行了促成行動實現的想像訓練（譯注：image training又譯作意象訓練）。這件事將會以正面姿態記憶於腦中，不再是件討厭、麻煩的事，並且輸入到心裡，開始想像。這就是實現想法的祕訣之一。

不管是小目標或大目標，建議各位都可以試著應用在想實現的事情上。

★讚美正面變化或內在發現

加奈子仔細觀察了自己正面的變化，包括以前沒能做到、但現在開始辦到的對人體貼，以及正面情感表現等等，並且稱讚自己。

不放過任何微小變化或自我發現，一一加以讚美是很重要的。不管對任何人來說，發現自己心中正面的部分或陌生的自己，都是值得高興的。更別說對一個處於自我否定、絕望心情的人，這些發現更能連結到自我信賴和自我尊重，成為帶來希望的力量。

人原本就是一種抱著希望的生物。只要有一點點微小、肯定的想法為引子，這個想法和毫無脈絡的希望可能會逐漸在胸口擴散。就算不具體也無所謂。希望這種朦朧的感覺，最後能成為描繪具體形態的基礎。

★一有想法，馬上付諸行動

「這一定是帶給我的訊息，快來試試吧。」心裡有這種直覺，馬上付諸行動，也帶動加奈子的改變。

想改變現在的自己、從封閉感中蛻變時，馬上把「靈光乍現」的念頭付諸行動，成為改變的導火線。腦中突然出現的念頭（當然是正面的想法），往往是直覺或靈感等超越邏輯的內在聲音，請不要忽視。跟昨天做一樣的事，今天也只會重複一樣的結果。就請先從實踐「讚美日記」開始。

★該稱讚什麼好？

如果只稱讚自己完成的事、努力的事，不久就會遇到瓶頸。請試著從不同角度看自己，尋找值得讚美的地方。讚美原本覺得理所當然的事也很重要。請注意以下「十項讚美重點」，開啟看待自己的新觀點。

①讚美內在（性格或心理反應等）

↓（例）以往的我聽到不中聽的話，馬上就會反彈，最近稍微能放寬心來聽別人說話。確實有成長了。

②讚美行動或付出的努力

↓（例）今天我當了星期天的一日廚師，挑戰義大利菜。我太太說很好吃呢，看來我手藝還不錯嘛。

③讚美感覺或感性

↓（例）吸滿雨後的清爽空氣，覺得好幸福，表示我很感性吧。真棒。

④讚美想法、思考

↓（例）想要過毫不後悔的人生，我這個人真是積極啊。

⑤讚美自己的努力（沒有結果也無所謂）

↓（例）因為想變得喜歡自己、愛別人而持續「讚美日記」的我，真的好努力。

⑥讚美過去的努力

↓（例）以前在棒球隊時真的很拚命，當時的努力都成了現在的力量。十幾歲時的我那麼有毅力，真是了不起。

⑦讚美自己沒有做的事

↓（例）以前幾乎每天都責備自己，可是今天轉換了心情，停止了責備。不再責備自己的我，好厲害啊。

⑧讚美身體的功能

➡（例）聽到喜歡音樂的耳朵，享受美景的眼睛，實在太美好了。

⑨讚美自己的外表

➡（例）今天的我是走清爽時尚風，沒打領帶，還滿適合我的呢。真帥。

⑩讚美正面的變化、內在的發現、自我發現

➡（例）即使一個人也可以享受平靜充實的時光，這真是很大的變化。我有進步了。

逃出無法融入社會的繭居生活

——野田芳夫（四十六歲）

野田從小就覺得站在人前或者上學很痛苦。雖然沒有遭受霸凌，也並不討厭念書或運動，明明沒有特別的理由，卻對上學感到很痛苦、很討厭。一般小孩子應該很期待的遠足或才藝發表會等活動，也只讓他感到恐懼。

他從小學開始就喜歡思考，個性相當特別，一個人閱讀心理學或宗教書籍時，是他覺得最平靜的時刻。

大學時他帶著「要能夠頓悟而死就好了」的期望，輟學進了禪寺修行三年，但之後還是出社會工作，看來當時並沒有頓悟呢（笑）。

話雖如此，放下一切進禪寺這種行動，需要不小的勇氣。除了可以感受到他當時覺得「再也無法在這個社會生存下去」、走投無路的心境，他心裡很可能也有「想知道生存意義」的渴望吧。我自己也體驗過這種絕望，很能感同身受。

野田年輕時的三年修行生活，想必在今後的人生中多多少少可以看到成果。我想這就是所謂的精神體驗。

回到社會就職之後，野田對於和同事去喝酒等應酬，或者一年舉辦數次的宴會感到痛苦，總是稱病或者託辭有急事不克參加。

「現在回想起來，我可能有社交恐懼症吧。既然遲早都要死，為什麼還要活下去？即使進了禪寺還是找不到答案，心裡總是想著『啊，好想死啊』。活著對我來說，只是一件毫無價值又痛苦的事。」

他找到一間人際關係看來不太複雜的公司上班，也結了婚。

既然覺得活著毫無價值，為什麼會打從心裡立下「共同生活」的誓言，選擇結婚這條路呢？

野田表示，只能說是緣分了，可能是有某種看不見的力量在驅動吧。

孩子出生後過了兩、三年，因為跟公司同事處不來而離職。

之後他也很難在一個公司裡長待，換工作時總是像逃跑一樣，身心俱疲的野田罹患重鬱症，甚至到了需要住院的程度。

藉由藥物、諮商、沙盤療法等治療，野田的病情稍有好轉，但出院後兩年，一起床就頭暈的症狀一直持續，每天只能躺在床上過日子，因而不得不過著「繭居」生活。

找到活著的意義，來個大逆轉

野田終於再次回歸社會。他成立了一間小公司，專門承接朋友公司的外包案件，以自己的步調一點一滴開始工作。不過家中蟄伏已久的夫妻問題，卻開始白熱化。

野田長年持續這樣的狀態，家人當然不可能開朗有精神。可以想見，他的妻子一定逐漸耗盡了精力，夫妻之間的關係愈來愈惡化。

就在這時，野田參加了我的講座。

「對我來說，與其說是想要改善疾病，或者修復夫妻關係，其實我更大的目的，是在尋求一種信仰上的救贖，希望能找到長久以來沒能找到答案的疑惑——找到活著的意義。」

比起現實問題，更渴望形而上的答案……野田徹頭徹尾是位修行者啊。

野田延續著「痛苦又毫無價值」的「生命」，而因為參加講座，開始持續寫起「讚美日記」。

先從結論說起，野田最後終於成功地演出一場大逆轉，找到有價值的東西，修復了愛，讓自己的人生變得更有意思。

「在講座中學到對我最有幫助的，就是『先從自己開始』，還有『不需要勉強把自己的負面矯正為正面』。這就好比『一道光芒照射在身處於黑暗的我身上』。

「在那之前，我總覺得應該替別人想，就算勉強自己，也要當個『好人』，要不然就無法當個有彈性的人，應該這樣、應該那樣，不斷鞭笞著自己，因而感到痛苦。藉由講座，我才了解其實完全相反，讓我大大鬆了一口氣。

「另外，『培養自我尊重感，可以讓活著所需要的力量和意識浮出表面』，這句話也讓我留下很深刻的印象。我心裡充滿感動，心想『原來這麼簡單吶』！我發自內心覺得，再也不需要把事情想得太複雜、折磨自己了。」

終於能順利溝通

讓我再詳細介紹一下野田走到現在的「心路歷程」。

他從小就與「社會」這個巨大的怪獸對峙，感受著痛苦和絕望，卻仍不斷與周遭環境協調，努力活著。我認為若能一五一十地傳達其中的實況，大家就更能了解野田之後心靈復元的過程，以及獲得的結果到底有多麼重要。

希望大家能了解這個結果的意義有多麼重大。對於野田持續進行內在努力，我除了想給予讚賞，也想告訴大家一個不爭的事實：「像他這樣的人一樣能改變自己！」只要不誇大、誠實地寫下事實，一定能體會「讚美日記」引導出生命力量的效果。

「剛開始，我找不到可以讚美的事，總覺得無從讚美起。我發現手機裡有日記功能之後，每天就利用工作空檔，把想到的事情寫在手機裡，回家後再抄在筆記本上，養成習慣。

『趕上時間了真了不起。』

『學會打開手機的日記，真行！』

『工作也確實做好了，很棒。』

『沒有在便利商店亂買東西。一點都不浪費，好厲害。』

「當時就像這樣，從一些無所謂的小事開始寫。我這時已經不需要抗憂鬱藥物了。

『讚美日記』讓我覺得愈來愈快樂，當我懂得如何稱讚一些小事時，和他人的對話當中，也自然而然能選用帶有讚美意味的話語。最明顯的是，原本很想逃離人群的我，開始積極與人群接觸，不知不覺中，臉上也始終掛著笑容。

「老實說，最困難的部分是對太太的讚美，但現在也能夠毫不勉強地說出口，或者以郵件傳達自己的感謝。我跟太太也開始像婚前那樣，會一起出門去看電影或買東西。」

鮮活的情感復甦——不再以理論思考

為了完成本書，隔了兩年我又見到野田，他的眼角有著讓人安心的溫暖。說實話，他劇烈的變化讓我目不轉睛。

第一次參加講座時，他的眼睛就像即將上戰場的人，相當尖銳。或許是為了保護自己，正在內心進行著瀕臨極限的奮戰吧。第二次在講座上見到野田時，最讓我印象深刻的就是他的眼光變得溫柔許多。不過，這一次見到的他又比當時更加柔和，換上了包容的表情。

野田對於過去的痛苦侃侃而談。他說，自己最大的正面改變，就是「開始了解自己的情感」。

他從小就愛談道理，往往因為想太多，這樣也不對、那樣也行不通，到最後連自己也搞不清楚了，這樣的野田不管是對自己或他人，都只能用理論來看待。他的腦中彷彿有一張心理學理論圖表，總認為自己或他人的情感正位於表中某個位置，而判斷「現在應該是這樣的心情吧」。在這樣的模式中試圖建立起了解自己和他人的習慣，逐漸成為讓他覺得活著沒有意義、沒有價值的元凶。

「原來這就是共鳴啊！」野田第一次感受到對方和自己之間產生一股一體感，是在參加第二次講座的時候——距離第一次講座大約過了一年。

我現在還不清楚，當時講座的內容跟野田實際覺得有共鳴之間，到底有什麼因果關係。不過可以推測，講座課程中的「讓感覺甦醒的感覺訓練」（請參照120頁），野田曾經上過幾次，這可能多多少少有點影響吧。

「自從我開始了解活生生的情感，不管是自己還是其他人，在我眼中都開始變得有趣了。在那之前，人並不是人。我開始覺得自己是個活生生的人，真真切切活著的感覺，漸漸解放了我。

「我太太以前是『邏輯上的太太』，現在則是可以彼此交流感情『活生生的妻子』。我太太說：『你最近都不會像以前那麼急躁，變得沉穩多了呢。』她自己也變得更溫柔了。

「無論是看書或與人見面，都覺得好有趣、好開心。『對！對！我懂我懂！就是這樣』，開始有這種感覺讓我非常高興，而且我也開始能接受自己，『既然自己覺得變輕鬆了，那這種感覺就不會有錯』。這麼一來，我也能寬容別人。當我無法抱持共鳴傾聽別人說話，總是用邏輯理論的標準來看人時，有時候明明不懂卻硬要裝懂，說些自以為是的話，心裡永遠藏著莫名的不滿，這種不快感就好像嘴裡含滿了沙土。」

野田也終於了解自己人際關係不好的理由。因為不了解自己，當然也不可能了解對方。連自己的主張都無法順利說明、長期忍耐的結果，終於爆發、逃避，不斷重複這個循環。因此，他誤以為事情會變糟都是因為他想強調自己的主張，所以開始覺得，「只要我沒有自己的主張就行了」。

「我一直壓抑著自己的心情活著，這跟尊重自我剛好相反。現在的我已經成長到雖然會有自己的主張，但並不會太過執著。」

聽著野田的故事，我再次確認「讚美日記可以讓人回歸本質」。一種深沉、平靜，但卻如此龐大的感動，逐漸在我胸口擴散。

我不知道從多少人身上獲得了這種感動。透過這些體驗，我慢慢知道「讚美日記」能夠發掘出具有龐大生命力的無限力量。

摘自野田最近的「讚美日記」

- 因為工作必須和三個人開會討論。我完全不覺得疲倦，也能說出自己的意見，真棒！
- 痛苦的時期也沒有丟下工作，真的很難得。因為如此，才有今天啊。
- 能夠親切地跟○○說話，終於能夠順利表達心中所想了。
- 回家後主動洗碗盤，了不起！
- 覺得自己很重要，這真是太棒了。
- 最近的我閃閃發亮，好厲害！
- 開始覺得跟別人的價值觀不同也沒關係，覺得自己好像變得更深、更廣了。
- 即使失敗，也能認為這是一個提醒，告訴自己應該在失敗之處踏實累積，就像堆起一個一個的石頭一樣。這是很大的正面改變，太帥了！
- 有點消沉時會覺得，既然自己好好地生活著，偶爾有這種念頭也無妨。這真是太難得了。
- 開始想對繭居的年輕人提供協助的我，真是積極，一定可以活用我的經驗。我正在朝美好的人生方向邁進呢。

「最近我強烈感覺到，在自己身體裡存在著『無限的包容力』和『創造慈愛、愉悅、健全的能量』。我確實感覺到自我尊重感的萌生。今後不管是正面或負面的事，我都會當作是很龐大的正面能量來接受，繼續成長、繼續創造。

「至於我太太，我想我下輩子轉世投胎還要再跟她結婚。現在的心情就像坂本冬美小姐的歌一樣，『我再次愛上你，比以往愛更深』。這些話我還沒對我太太說過呢（笑）。」

野田今年四十六歲了。重拾長久以來封閉的感情，找到自己本質之前的這四十多年，對他來說就像是痛苦的修行。整理著野田初次傾訴的過去和他內心的糾葛，我一邊打著鍵盤，淚水久久無法停歇。

我衷心祝福：「過去讓你辛苦了，希望今後的人生，能夠連同以前的份，過得美好幸福！」

★外出時隨手記下，回家整理在筆記上

實踐讚美日記的人經常會說，沒有時間寫、白天本來想到一件可以稱讚的事情，到了晚上就忘記了等等。任何人要開始一件還沒養成習慣的事，都會有這種現象。重要的是「在還沒養成習慣之前不要放棄」；一旦放棄，豈不賠了夫人又折兵。然後再次自我否定，「啊，我果然辦不到」，回到陷入沮喪、煩惱的自己。這實在太浪費生命了。

為了不忘記，可以隨身攜帶備忘小筆記，隨手記下想到的念頭，等到早上或晚上有空時，再抄寫在筆記上，效果將會倍增。

每當野田有想法時，就會使用手機的記事功能，回家再抄寫到筆記本上，每天持續。野田之所以得到很好的成果，就是因為除了把想法記在手機裡，還另外抄在筆記本上啊。

如果本來就沒有記筆記的習慣，容易忘記本來就是人之常情。就算真的忘了也不要氣餒。想起來後馬上寫，慢慢就會養成習慣的。

總之，你必須告訴自己：「如果不想過著令自己遺憾的人生，讚美日記就是第一步。」

★親手寫筆記的效用

我在前言中也提過，根據大腦的相關研究發現，手寫可以促進大腦前額葉區的血液循環，幫助活化，但使用電腦等電子機械反而會讓血流變差。因此若不親手寫，就太可惜了。

★從述情障礙、體感障礙中復元

另外，我想介紹一個跟野田不同、苦於暫時「喪失感情和感覺」的Y女士（三十三歲）案例供大家參考。

Y女士這幾年來因為離婚問題，度過一段精神上非常痛苦的時期。她苦於長期嚴重的沮喪和否定感，連自己都不知道自己會變成什麼樣子，不管是心智或身體，任何方面都不像從前的自己了。

這時候，一般來說都會先想到上醫院，不過Y女士很討厭醫院，也討厭吃藥，更害怕被冠上病名，所以她並沒有去看醫生。

「我不懂感覺不到悲傷和痛苦，連喜悅和快樂也感受不到。冷、熱、好吃、難吃的感覺沒有了，看到花也不覺得漂亮。最讓我難過的是，跟兩個小孩（八歲的長女和六歲的長男）在一起，我的心也完全不會感動。

我身處黑暗當中，宛如看不見出口的隧道，逐漸被逼到死角。我開始覺得自己是一點價值都沒有的存在，會有這種想法連我自己都很驚訝。

既然知道自己沒有價值，我就開始想辦法培養自尊心，但具體的作法，我一點頭緒都沒有。剛好在這時候，我接觸到改變我命運的「聆聽生命聲音的自我尊重訓練」。上了這次講座，開始寫『讚美日記』之後，我又慢慢恢復成從前的自己，可以感覺到自我肯定感不斷提升，神奇到令人難以置信。參加第二次講座時，我也同時開始感覺訓練（請參照一二〇頁），這時終於重新找回我的情感。距離初次接觸，只不過短短四、五個月。

如果不先覺得自己可愛，就無法獲得從內心深處湧現、打從心裡覺得孩子們可愛的感情。我深深感謝讓我心中萌生更豐富情感的『讚美日記』和『感覺訓練』。」

Y女士說，晚上睡覺前孩子們總會吵著要放我的CD，進行感覺訓練。動動腳、甩甩手，一邊說著「咦，今天有點不一樣」「我的腳啊，辛苦你了」……對自己的身體表達感謝，孩子們也很喜歡這片CD。

「每次看到兩個孩子還沒做完練習就睡著的臉龐，就覺得他們好可愛，心裡充滿感動。同時，我也很感謝能覺得他們『可愛』的自己。」

chapter 2

喜歡上
討人厭的自己

關鍵在創造「自我肯定的大腦迴路」

人剛出生時，都很喜歡自己。我相信，沒有一個出生在這世上的人，會不尊重自己的生命。

人開始討厭自己，一定有某些理由，但就算回到過去找出了原因，我想也很難再回到那個「原本喜歡自己的自己」。

我建議的方法，就是建立起「肯定現在自己的大腦迴路」。**換句話說，就是養成經常觀察自己優點的心靈習慣**。這麼一來，就會自然而然找回「自己原來的本質＝自己是尊貴存在」的意識。

「討厭自己」的自我否定感，只不過是後天形成的「思考習慣」。所以，要變得喜歡自己，並不需要太難的方法。

先從接受「現在」的自己開始，練習讚美吧。對於自己珍貴美妙的生命和存在抱著否定的想法，那你的生命豈不太可惜、太可憐了嗎？

請一邊想像閃耀發光的自己，一邊持續寫「讚美日記」吧。只要持續，就能在你的腦中形成肯定自己的「自我讚美迴路」，並且慢慢拓寬。

喜歡上從小就討厭的自己

——藤原芳樹（三十三歲）

在本書執筆過程中，一位陌生讀者寄來了這樣一封信：

我第一次讀了《讚美日記——快樂育兒訓練》這本書。其實，我讀這本書不是為了教養子女，而是為了治療自己的憂鬱症。

效果相當驚人。

冒昧來信是希望你今後除了育兒之外，還能繼續推出應用在其他領域的書籍。

光看書練習，就能治好憂鬱症

這位讀者名叫藤原芳樹，住在愛知縣，信上還寫了清楚的住址，我深深覺得「怎麼會這麼幸運」，為此感到雀躍不已。

因為當我寫這本書時，正好在尋找「有沒有人不曾接觸過我的課程，只靠閱讀我的書進行實踐，就能成功提高自尊的呢」？我經常會收到大家的來信，告訴我「讚美日記帶來多麼好的效果」，不過「對憂鬱症效果驚人」，可是相當寶貴的意見。

本書主旨在建議大家親身「實踐」書寫「讚美日記」，目的並不在於宣傳我的講座或個人課程。因此，我很希望大家能多多提供「我沒有上過課也可以順利找回原來的自己」這類資訊。就在我有這個念頭時，收到了這封讀者來信。

我馬上回信，詢問對方效果到底有多好，這位讀者也詳盡描述了自己從發病到現在的經過。

躁鬱症又分一型和二型，前者的狀況比較嚴重，需要住院治療，後者則勉強可以過日常生活。

以下介紹芳樹發病時的部分紀錄，供大家參考。

二〇〇五年（發病時）

五月初，工作時覺得自己靜不下心來，注意力和判斷力低落，導致工作效率降低，焦慮感一天比一天強。每到假日就會睡到過中午。

八月中旬，除了這些症狀，還出現失眠和夢魘。到精神科就診，被診斷為憂鬱症。醫生要我休息一個月，並且開了抗憂鬱藥物給我。十月復職，開始復健勤務（譯注：日本特有的制度，因精神心理疾病而停職者，在復職後一到兩個月期間內，可根據復職者特別規定業務內容、工作時間及其他待遇等，薪資亦另行規定）。因為藥物的副作用，情緒逐漸變得起伏較大，到了十二月左右，換成情緒穩定劑。

二〇〇六年

換藥後情緒亢奮的狀態還是持續了一陣子，但之後就因為更換處方沉著了一點。可是偶爾還是會覺得不耐煩，所以醫生開了非典型抗憂鬱藥物和抗焦慮藥物，讓我視需要服用。

因為焦躁感增加，我休息了一星期。這時候被診斷為躁鬱症。

芳樹將這麼隱私的資訊告訴我，讓我相信，他絕不只是來「湊湊熱鬧」的。他也相當誠實，應該是位值得信賴的人，所以我決定和芳樹見面，直接聽聽他的故事。

這次，我一定要活下來

芳樹在六年前被診斷為躁鬱症，之後歷經停職和復職的多次循環。發病的導火線似乎是職場上的人際壓力，不過他從小就不擅長跟朋友相處，常常被取笑、欺負……個性原本就很容易緊張。因此，芳樹從小就不喜歡自己。長大之後，也無法擺脫自我否定，仍然不斷煩惱。

❖面對他人或雙親、姊姊，心中總是有自卑感。
❖總是陷入負面思考。
❖一次只能專心在一件事上、埋頭橫衝直撞。
❖成見很深（做事情總是拿出「應該如何如何」的理論，一定要這樣才行）。
❖罹患憂鬱症。

因為討厭這樣的自己，心想「自己已經沒救了」，還曾經自殺未遂過兩、三次。「這次我一定要活下來，我想好好活完自己的生命。」看著說出這些話時芳樹認真的眼睛，我總算放下心，幸好他只是自殺未遂。我也深深希望，他能好好運用上天賦予的生命，今後也能擁有充滿喜悅的日子。

接觸的契機是送給妹妹的書

第一次接觸「讚美日記」，原本是想讓剛生孩子的妹妹在教養子女上能輕鬆一點，所以買了《讚美日記——快樂育兒訓練》送她。而芳樹自己讀了這本要送人的書之後，直覺認為：「這本書真不錯，實在太令人驚訝了！這對憂鬱症一定也很有效。」「實際開始寫『讚美日記』後，覺得非常貼近我的心。我想，這確實是一種人人都能辦到的簡單治療法。」

芳樹說：「我從二月中旬開始寫，盡情地稱讚自己。把自己捧上天。」我第一次接到他的電子郵件是在四月中旬，所以，他感受到「效果絕佳」，大約是在開始後的兩個月左右吧。

「以往我很討厭自己，現在卻能肯定地接受自己。自從我開始能稱讚、認同自己的存在，憂鬱症也有所改善。能相信自己這種感覺，真的很令人高興。總之，我現在就靠服藥和『讚美日記』雙管齊下。

「現在因為藥物的副作用稍微有點躁症狀態，不過醫生告訴我：『沒什麼大不了的，別擔心、別擔心。』」

摘自芳樹剛開始寫的「讚美日記」

✎接受別人幫忙時，一定會記得說謝謝，真棒。

✎懂得欣賞別人的優點，芳樹你真帥。

✎開始寫讚美日記過了兩星期。以往不管做什麼事都沒有持續力的芳樹，竟然能持續做這件事，太神了！繼續保持下去吧。

✎惹晚輩生氣了，但是我忍了下來。好棒啊，芳樹！

✎今天去聽演講，遇見了很棒的人。太好了，能付諸行動真的很了不起，芳樹！

摘自芳樹第二個月的「讚美日記」

✎ 最近很勤於整理家務，做得很好，厲害喔！芳樹。

✎ 今天做了久違的醃菜。能夠恢復到這個地步，真了不起啊，芳樹。

✎ 四月開始重回工作崗位，雖然只有半天，但還是很努力。就這樣努力下去吧，芳樹！

✎ 工作量很多，雖然手很痛，不過還是很努力喔，芳樹。

✎ 最近職場上氣氛不太好，不過今天總算能沒有紛爭地順利結束。真棒，大有成長喔，芳樹。

✎ 寫信給手塚千砂子老師了。你變得更積極了喔，芳樹。

✎ 今天聽媽媽抱怨。以前總覺得很煩，不過現在卻可以聽進去。成長好多啊，芳樹！

✎ 以往對未來都只抱著模糊的不安，現在卻認為就先從自己能做的事情開始做吧。芳樹，你真的成熟了！

當原本的自己就可以了——受到認同的感覺

從小就嫌惡自己的芳樹說，當他開始能認同、肯定自己時，確實覺得憂鬱症有改善。

根據累積的眾多實證經驗，我發現了這樣的結果：

「開始覺得寫讚美日記很愉快時，就會遇見跟以往完全不同的自己——感受到能有肯定想法、憂鬱症狀減輕的自己。」

芳樹在擁有「自我尊重、自我肯定意識」的實際感受時，也感覺到憂鬱症狀減輕了。具體來說他觀察到以下這些感覺：

❖就算自己罹患憂鬱症也沒什麼大不了。

❖失敗了也無所謂，之後總會成功的。

❖外表看起來不稱頭也不在意，能坦然接受以往一直否定的自己。

❖我也有我存在的價值，確實感覺到自己有活著的資格。

❖發自內心產生對所有人感謝的心情。

隨著這些感覺和意識的變化，身體狀況和生活方式也自然而然改變了。

比方說，原本房間凌亂也不整理、肚子餓了也不想吃東西，對任何事情都提不起勁，覺得身體倦怠不想活動的糟糕自己，現在開始動起來，整理房間、去吃好吃的東西。此外，聽到別人說刺耳的話，也能裝作沒聽到。因為缺乏自信，總是猶豫「這樣真的可以嗎」的不安消失，沮喪的機會也減少了。

芳樹說，由於「心情」和「身體」兩方面都獲得改善，確實感覺到「自己可以適應社會」，連帶帶來自我肯定、自我尊重的意識，這同時也跟「憂鬱症狀改善」的感受一致。

寫「讚美日記」四個月後的改變：

原本表示自己「覺得跟人說話很恐怖，所以很怕跟對方視線相對」的芳樹不見了，眼前的他筆直地看著我的眼睛，跟我說話。

「最近我不再覺得跟別人說話很痛苦了。因為我開始可以用最適合自己的樣子、如實的自己去對待他人，原本覺得痛苦的人際關係，現在變得輕鬆多了。其實偶爾還是有高低起伏，不過根據主治醫生和上司的判斷，從這個月開始我又可以回到工作崗位了。

「多虧了『讚美日記』，我的憂鬱症才能有這麼明顯的改善。以後我還想要繼續寫、繼續成長，也想分享給更多跟我有同樣煩惱的人。」

我想芳樹已經察覺到，在自己的生命中有著崇高使命和可能性。我希望存在他生命深處對自己生命的尊重，更明顯地呈現於外，擁有更美好的人生。

讚美日記寫作技巧③

★別忽略如釋重負的感覺

芳樹說：「讚美日記是人人都能做到的簡單治療法。」

其他「讚美日記」的實踐者也都說過類似的話。這種方法一點也沒有危險性，只要有筆記本和一支筆就能辦到。有同樣煩惱的朋友，請務必試試。

就算覺得有點不習慣，或者無法順利說出讚美的話，也請模仿本書中的「讚美日記」，試著寫寫看。只要繼續寫下去，一定能走到讓你如釋重負的地方。這時千萬不要忽略這種感覺，一邊稱讚自己「能夠努力走到這裡，真是了不起」，繼續前進。如果感覺到變得輕鬆之前，就途中放棄，那就會在「搞不清楚效果」的狀況下結束。

忙於育兒的媽媽，擺脫長達十二年的「暴食症」

——新井秀子（三十五歲）

「媽媽不會回來了。你們以後會有更溫柔更好的媽媽，這樣對你們比較好。」一心想要放下孩子去尋死的秀子，有天對兩個孩子說了這些話。她打定主意，整理好行李正要離開家。孩子分別是五歲和八歲的男孩。

秀子婚前就已經為暴食症所苦，病情遲遲不見起色，吃下肚的東西又吐出來，這樣的自己讓她覺得很難堪、醜惡、無法原諒。她心裡充滿了把丈夫薪水用於無謂食物上的罪惡感，總是感到焦躁不安，也無法溫柔對待孩子，覺得自己是個糟糕的母親。看到孩子吵架或吵鬧就馬上發火、甚至說出難聽話的秀子，完全不覺得自己的狀態往後有可能獲得改善。

在這種狀況下，不管是身為母親或人妻，都無法稱職，對自己的絕望感愈來愈深，終於，她把自己逼到再也沒辦法活下去的絕境。

「我不要別人，我只要媽媽，不要走嘛。」孩子們緊抓著她哭泣，秀子也忍不住跟著他們一起嚎啕大哭。

「可是我總是對你們說那麼難聽的話，一天到晚對你們生氣啊……」

秀子果然還是放不下孩子。她堅定地下定決心，一定要設法改變自己，建立起從小就憧憬的幸福家庭。

走出負面思考，對自己的轉變流下喜悅的淚

秀子心想，得先學會喜歡自己，便在網路上以「喜歡自己」為關鍵字搜尋，購買了我的著作，這就是她和「讚美日記」的初次接觸。

在那之後，她還來參加我的講座，直到她擺脫了「討厭的自己」，學會原諒、學會愛之前，都毫不吝惜地再三努力。

「剛開始我一邊看書、一邊模仿書上所寫的，寫了『讚美日記』。漸漸學會用自己的話語來讚美，不到兩個月，就確實感受到培養起自我尊重感了。」

「原本認為自己很辛苦、過著不幸的日子，現在竟然經常覺得自己好幸福，而且還常常把這些話掛在嘴邊。沒想到人能有這麼大的改變，簡直是奇蹟！

「我心情的轉換變快，即使出現負面思考，也能夠客觀地自我觀察，笑著對自己說：『看來那些老舊的負面迴路還健在呢。』

「以前只要孩子不聽話，就會莫名地生氣，看到兩兄弟吵架也會湧現不耐煩的情緒，總是用傷害孩子的方式來對待他們，現在已經能用溫柔的笑臉面對孩子。當我開始覺得真喜歡這樣的自己時，甚至會因為太高興而忍不住大哭起來。

「只要努力果然辦得到，我辦到了，真了不起，實在太努力了。一邊哭，我還是不忘自然而然地稱讚著自己。過食的症狀也慢慢穩定下來，心情變得好輕鬆。」

克服復發危機的祕密武器——給自己的溫柔話語

過了兩個月，秀子稍微回到以前的狀態。雖然不像之前那麼嚴重，可是在大罵了孩子之後責備自己、陷入過食的模式又有復發的傾向。

我們不是機器人，而是活生生的人類，任何人都可能遇到這樣的情況。這並沒有什麼值得擔心的。

這時候的重點在於該如何面對自己。要繼續責備自己是個不管做什麼都不成功的人」，而覺得沮喪、乾脆放棄嗎？還是要不氣餒地繼續呢？這個選擇將是重要的分歧點，引領到兩條完全不同的道路。

秀子很了不起，「讚美日記」曾經帶給她好幾個月的幸福時光，她相信這樣的自己，決定無論如何都要繼續。這個決定拯救了她。

「不管是出現暴食症症狀、陷入自我否定，或者是焦躁不耐地說出傷害孩子的話，我都努力找出優點，繼續稱讚自己，努力地告訴自己，我『心裡的光』是不會消失的。」

「我發現自己心裡有害怕暴食症、怕自己傷害了孩子等情緒，還有許多讓自己活得更艱難的恐懼，我不斷溫柔對這樣的自己說話。

「過了一陣子，心裡慢慢變得輕鬆。我能夠以溫柔的心境面對自己心中那個『原本的我』，並且讚美這件事。等到心情變得更輕鬆，又再次讚美自己……

「不知不覺中，過食的衝動奇妙地消褪、我又恢復到穩定的狀態。」

摘自秀子復發時的「讚美日記」

✎今天又過食嘔吐了，我能原諒這個因為過於情緒化、變得激動易怒的自己，還努力稱讚自己，真是了不起！活得真努力！

✎似乎已經能夠放掉心中長久以來的恐懼，能有這種感覺的我真是太棒了。

✎就算覺得快不行了，還是努力地相信自己，我實在太堅強了啊。

✎對孩子發脾氣後，沒有責備自己，馬上轉換到正面的心情，愈來愈拿手了呢。

✎下巴的痘痘治好，變得更漂亮，表情也更加開朗動人了。

✎幸福感與日俱增，懂得感謝丈夫的我，我真喜歡這個坦率的自己。

✎覺得活著變得好輕鬆，臉上愈來愈多笑容的我好有魅力。

✎不再責備自己之後，也能自然對孩子們湧現溫柔的心情，知道自己變得更從容了。能夠喜歡這樣的自己，真是太好了。

✎到目前為止我真的非常努力！能打從心裡這樣稱讚自己的我太厲害了！今天也稱讚了自己好幾次。今天能有這樣的我，真是奇蹟，我只覺得滿心喜悅。

克服第二次的挫折

「在那之後，我完全放下心來，以為自己已經不再有問題了，把『讚美日記』拋在腦後。同時也因為我祖母過世，再加上公公住院等，身邊發生了許多事，倉皇應對之中，生活步調就亂了。雖然沒有過食，但是又出現跟以往一樣的焦躁。

「我告訴自己，這樣下去是不行的，所以開始徹底對自己好，重新開始讚美。

「在這段期間，偶爾也會很情緒化地對待孩子，或者對他們很冷淡，不過我還是努力不責備自己，告訴自己，別在意、別在意，偶爾也會遇到這種時候的……並且繼續稱讚自己，能有這種想法真難得！

「我特別提醒自己：不與人比較、不用減法來評價、不說自己壞話、不說可是……還有……這時我發現，自己所做的剛好跟這些相反，所以趕緊切換，開始讚美自己。

「過了三星期，我開始覺得『只要努力一定辦得到』，感覺很自在、心情很平靜。暴食症狀不再出現，我有把握，這次一定沒問題。

「我跟孩子也度過了前所未有的和平快樂時光。笑臉和對話增加了，跟孩子因為同一件事情而大笑的那一瞬間，讓我覺得無比幸福。

「很奇怪的，孩子吵架的次數也減少很多，就算吵架，也不像以前那樣容易焦躁不耐。我希望能夠成為一個愛孩子本來的樣子、不管發生什麼都能相信孩子生命力量的母親。

「人不管犯再多錯，都有可能從中學習、成長。

「我不再像以前那樣為了尋求幸福而想成為什麼、獲得什麼，而是覺得現在就很幸福。

這都多虧了培養起自我尊重感。

「我感覺到宛如心靈長了翅膀般的自由、輕盈。目前為止的漫長時間，我似乎都被困在自己製造的牢籠裡。雖然注意到這一點，卻很難如願逃脫牢籠，覺得痛苦，不過『讚美自己』，其實是打開牢籠的鑰匙呢。我希望能一步一步慢慢成為心中有愛湧現的人。

「持續十二、三年的暴食症狀，也完全改善了。一直以來希望能正常吃飯的夢想終於實現，每天正常吃東西時，就會覺得自己真幸福！」

經歷如此珍貴的心靈覺醒的秀子，現在開了兒童教室，指導孩子們實踐「讚美日記」。將來還希望能開辦以大人為對象的教室，夢想愈來愈大。我想，十二、三年來否定自我的痛苦日子，終於轉換成引領秀子的巨大力量。

讚美日記寫作技巧④

★改善的快慢，因人而異

秀子體驗過兩次挫折，每次都能確實經由稱讚自己而重新站起來。這點非常值得注意。長久以來自律神經失調的人，改善的現象可能會暫時停滯，或者看似走回頭路；這時不須沮喪，只要繼續寫「讚美日記」，一定可以獲得正面的成果。

有人改善的進展非常順利，也有人一口氣大有進展，然後又稍微倒退；因此，寫讚美日記這件事有明顯的個人差異，不應該只在意改善的速度，與他人比較。

★一邊觀察波動起伏，往正面引導

人類是大自然的一部分，也是自然本身，就像海一樣，有波浪起伏。下雨時能量會降低，晴天時心情就像藍色的天空般舒暢開朗，相信大家都體驗過這種感覺吧。

人類不是機器人，不可能永遠保持一樣的狀態。正因為不一樣，所以才有趣。觀察波浪起伏，溫柔地接受，與自己產生共鳴，導往正面的方向；這麼一來，巨大的心靈波浪也會慢慢變小。

希望各位也能跟秀子一樣，不管任何時候都不要放棄。別責備自己，好好稱讚自己、接受自己，對自己好一點。只要相信一定可以找到原本的自己，繼續寫下去，一定可以感受到變化。

★具體形象化效果更佳

秀子努力地告訴自己，「心裡的光」是不會消失的。因為她始終相信「真正的自己」。

「心裡的光」是我在著作中用過的說法。我在書裡寫道：「所有人心中都有一個光盒，只要稱讚自己、溫柔相待，光盒的蓋子就會開啟，光線將會從裡面發射出來。」秀子似乎很喜歡光盒這個說法。

就算沒說出心裡的光不會消失的話，重要的是相信自己原本的優點不管任何時候都不會消失。建議大家，不妨找出適合自己的說法，例如「心靈的泉水不會乾涸」「真正的我不會消失」，不斷複誦及提醒。比起漠然心想「相信自己」，有了具體的形象更容易提升效果。你生命的核心，無論何時何地，一定都能閃亮耀眼。

終結減重和復胖的無盡循環

——川田亞紀（三十歲）

「老師，我想變瘦，無論如何都想變瘦。我瘦得下來嗎？」

這是亞紀的第一個問題。

「啊……？」

「我很討厭肥胖的自己，到目前為止也試過很多方法，可是……」

她開始解釋為什麼會來參加我的課程。

聽她劈頭就說想變瘦時，我確實覺得：「什麼？我這裡可不是減重班……？她是不是沒搞清楚狀況啊？」但是聽完她的故事之後，我就放心了。

亞紀減重的歷史長達十多年，其間雖然嘗試過許多方法，但全都無疾而終。每次嘗試新的減重法就會復胖，體重比之前更重，所以她對減重已經心灰意冷。她心想，如果能透過訓練來接納自己，讓心靈和身體都達到更平衡的狀態，說不定體重也會自然而然減輕。她用「珍愛自己」作為關鍵字在網上搜尋，結果找上了我。

她說的一點都沒錯，人的身心取得平衡，體重就會趨向正常並穩定維持。

亞紀曾經愛上原以為能相伴終生的對象。她一心以為，兩人後來會分手，都是錯在自己太胖，還因此有過輕生的念頭。不過一年後，她有了很大的轉變，甚至還會感嘆：「我怎麼可以這麼幸福。」

喜歡上內在的自己、能夠順利控制飲食之後，她的體型逐漸變纖細。血液循環變好，膚色不再暗沉，重拾原本光澤雪白的肌膚。或許因為前額葉區的活化，她的專注力提高，工作也有很大的進展。

對爸媽來說，我是個令人頭痛的孩子？

我們經常可以聽到人說，我正在減肥的話。

雖然說都是減重，每個人減重的內容和煩惱都不一樣。有些人在旁人眼中體重恰到好處，卻還想更瘦，也有人是因為健康而想減重。

以前我就很關注嚴重到足以引發心理疾病的案例。我希望亞紀的案例能為這些人帶來共鳴和勇氣的訊息，同時也能給身邊的人們參考，更加了解這種人，所以在這裡我想更詳細地介紹一下經過。

亞紀在上我的課程之前，經歷了將近二十年血淚斑斑的日子。

升上小學四年級那年的春天，亞紀以討厭導師為由，不去上學。當時的她並沒有想到，這將會成為她日後長年為體型煩惱的導火線。

「為什麼不想上學呢？」

不管大人問幾次，她都無法回答，卻在心中吶喊：「我也不知道啊！我也想上學啊！很想去但是去不了啊，我好痛苦。不知道該怎麼辦才好。」

每當看到父母煩惱的樣子，她就會覺得，「一切都是我不好。像我這種人不如死了算了，乾脆消失好了。」但又不知道尋死的方法，她開始到朋友家過夜、不回家，重複著這特有的離家出走模式。

自律神經失調、開始狂吃甜食的亞紀，就是從那時開始變胖的，在一年之內胖了十公斤，之後也持續增加。

亞紀的父母帶她去看過某位信仰治療師，也到過兒童中心，還到精神醫院做過各種檢查，幾乎想盡所有方法。被帶到各種地方的亞紀，每次都得在一旁聽父母說：「這孩子……難道沒有其他辦法了嗎？」把她當作一個令人頭痛的孩子。她每次都會感受到討厭自己的情緒和迷惘，自我否定感逐漸在心中膨脹。

「我不應該活著……我為什麼要生下來？生命是什麼？活著又是為了什麼？」

回家後，她一邊哭一邊吃著甜點和巧克力。吃甜食能讓她心情平靜，這是四年級的亞紀拯救自己的唯一方法。

把失敗歸咎於體型的日子

升上五年級之後換了導師，亞紀總算願意上學，但是因為身材肥胖而被男同學欺負，再加上跟不上學校的功課，日子過得很辛苦。

國、高中時，她在內心巨大的傷痕上面蓋上一層硬痂，扮演正常的女孩，也積極參與社團活動，過著還算愉快的學校生活。

到了高中二年級，她順利地和憧憬已久的男孩交往，原以為可以過著幸福的日子，沒想到最後卻落得空虛絕望。因為為怕好不容易交往的男朋友討厭自己，亞紀開始拚命減重，只留下堆積在深處的痛苦。

重複著減重和復胖的過程，體重暫時減輕，但很快又增加到比以前更重、再次減重後又更增加……一直重複這個循環，最後終於增加到九字頭，然後又開始減重……

儘管如此，畢業後她還是在當地的小公司找到了工作，一邊上班一邊學電腦、學做麵包，生活裡有了興趣，每天都過得很充實。

不過，當她再次交了男朋友，又開始把薪水花在減重上。

女孩子會想打造更好的自己、變得更漂亮是很自然的，但是亞紀的方法錯誤，所以始終無法如願。

二十多歲時持續在七字頭的體重之間上上下下，減重的方法則是一一實踐市面上雜誌裡整理成專輯的減重法。比方說蘋果減重、香蕉減重、蘆薈減重、不吃碳水化合物、用高麗菜代替米飯、不吃肉和帶油食物、不吃飯等等。亞紀表示，當時的自己完全被雜誌牽著鼻子走。

她深信所有「壞事」（比方說被公司上司責備、便利商店店員態度不佳），原因都是自己太胖，所以一有類似的狀況就會憎恨、責備自己的身體。

二字頭最後一年，她第三次失戀，藉此機會，她突然有了這樣的念頭：**「我再也不減重了，愈減自己就愈痛苦。與其做這些事，還不如改變心態，只有這個方法了！」**於是她來到我的課堂上。

她的努力不負所望，終於嘗到體重逐漸減輕的喜悅和心靈的幸福。

「雖然說在努力，不過我並沒有勉強自己做任何事，因為可以感覺到自己內在的改變，每天都很愉快地寫『讚美日記』，如此而已。

「減重的時候，不管身體或心情真的都很難受，有時體力虛弱到覺得自己好像快死掉了。『讚美日記』讓我愈寫愈湧現精力和希望，沒想到我也會有今天……我真的覺得，活著真好。」

學不會馬上「讚美自己」也不用心急

剛認識亞紀時，她心裡滿是這些念頭：

❖因為我太胖，不管做什麼都不順利。

❖總是擔心別人的眼光，一天到晚膽戰心驚、情緒不穩定。
❖為什麼我就是這麼笨呢！
❖我這種人將來活得下去嗎？
❖反正不可能有人喜歡我。
❖這樣是不行的，我討厭這樣。
❖真想改變、真想變瘦，我討厭自己。
❖每天過這種生活真的好累，已經快不行了。

經年累月看輕自己生命、否定自己存在的人，即使旁人告訴他，你身上有很多優點，有些人可能還是無法馬上學會讚美自己。亞紀就是其中之一。

「寫讚美日記的時候，就算一開始覺得不習慣也沒關係，無法由衷讚美也無所謂。總之，先把讚美自己的話寫下來，試著誇獎自己。」

我這麼告訴亞紀，但是前兩個星期都僅止於我對她說明讚美的內容，她自己幾乎還說不出任何讚美的話。

不過，這段期間她倒是持續寫著關於「希望與慰藉、帶來勇氣」的話語。大約過了兩星期，雖然詞彙還不多，但她終於能夠自然寫下讚美自己的話了。

比方說，頭兩個星期出現的大概是這類句子：
「亞紀，妳大可放心，不用心急。」
「我已經沒問題了，我比以前更有自信了。」
「我學會表達自己的感覺了，我愛自己。」
「已經不要緊了，我要成為懂得愛自己的人。」
「從今以後我要好好愛自己。」
「只要心情安定，一定可以瘦下來。」
她每天持續不斷這麼寫著。

摘自亞紀兩星期後的「讚美日記」

- 能主動跟同事打招呼，真厲害！
- 早上提早出門，所以沒有遲到，真厲害！
- 不再被別人的謠言、負面話語影響，真厲害！
- 不再羨慕他人，這實在很厲害呢！
- 在讚美日記上寫上讚美的話，心情就會愈來愈輕鬆。我下定決心，一定要保持下去，改變自己。真了不起！

✎心情愈來愈穩定了，沒想到這麼快就可以穩定下來，真是太厲害了！

將近二十年來，亞紀都不斷否定自己，所以我原本就不認為她一開始就能順利寫下「讚美日記」。事實上我的猜想並沒有錯，但很不可思議的是，沒過多久，就展現了驚人的效果。

亞紀開始寫「讚美日記」的第三天：「發現從自己內在湧現奇妙的雀躍心情，彷彿從不安和看不見的恐懼中解放了。」從這時候起，她十多年來沒有一天不吃的巧克力，不知不覺中，不吃的天數漸漸增加了。

「讚美日記」式飲食改善法——溫柔地引導自己

一個月的「讚美日記」成果遠遠超乎預期，於是我提議，從第二個月起，開始改善飲食內容。

以往亞紀因為一個人住，三餐幾乎都在外解決。蔬菜攝取不足，甜食又吃得太多。

早餐通常會吃個調味麵包等甜食、再喝果汁了事，午餐是便利商店的便當和垃圾食物，晚餐則是義大利麵、拉麵等麵類，或者到超市的熟食區買油炸或現成的東西，消夜是蛋糕或甜優格。不只蔬菜，礦物質、維他命、蛋白質等營養也都不夠，導致身心更加不安定。

改善飲食的方法，我建議先從不太勉強自己的地方做起：

- ❖自己下廚做飯，以蔬菜為中心。
- ❖多煮點飯，做成飯糰冷凍保存。假日多煮點燉煮蔬菜，然後冷凍保存（不費工夫才是長久持續的訣竅）。
- ❖煮魚等可以買現成的回來吃，節省時間。
- ❖至少一天喝一次加了豆腐或海帶的味噌湯。
- ❖午餐吃飯團和生菜（直接啃番茄、黃瓜等），配上一點點小菜，還有一杯蔬菜汁。

只要注意到這幾點，身心的倦怠感和鬱悶就會改善。若能加上稱讚每一件完成的事和即將要進行的事，做起來會更愉快。

如果以完美為目標，往往很難持續，所以偶爾吃點義大利麵或拉麵也無妨。就算吃了蛋糕或甜食，也不要責備自己，可是一定要遵守晚上睡前不吃東西的基本原則，永遠用溫柔的目光來面對自己、引領自己。亞紀表示，久而久之，對飲食的意識產生變化，自然而然會去攝取對身體有好處的東西。

摘自亞紀第二個月的「讚美日記」

✎可能因為有好好吃飯的關係，覺得身體的不安定感漸漸減少了，真不賴。沒想到我竟然會自己下廚，好開心吶，我真行！

✎一個人的假日總是覺得很寂寞，但其實假日也可以過得這麼充實。我真喜歡這樣的亞紀！

✎今天也好好吃飯了。為了身體好，沒有吃蛋糕，真是了不起。

✎到超市去買東西，沒有繞到點心區就回家了，厲害！

✎為了自己烤鮭魚、煮飯、做洋蔥湯，我實在太能幹了。逐漸接近我喜歡的自己了。真的很棒。我愈來愈有把握，繼續這樣下去一定沒問題，安心感愈來愈強了。亞紀，妳沒問題的！

✎覺得食物好好吃。以前只覺得甜食好吃，知道從前自己的味覺有問題，也是件了不起的事。

✎覺得空氣變得清澈，感覺都變了。以前的我就算察覺了，也會自貶地覺得：「那又有什麼了不起？」不過，我能切切實實地感受，原來我對許多事情都帶著卑下的態度。能發現這個事實真難得，看來我逐漸在進化了。

✎接到媽媽的電話也不會覺得不耐煩。我真的變了。

✎以前我都覺得糟糕的自己就是真正的自己，但是手塚老師告訴我，並不是這樣的，現在我可以坦率地覺得，真正的我說不定更棒。能因此覺得雀躍欣喜的我，真不錯！

值得注意的是，亞紀的飲食控制並不是忍著不吃，而是靠「讚美日記效果」、在不勉強的情況下達到目標。從她的日記中也可以知道，她的內在也大幅安定了下來。進入第三個月，除了身體，她對自己的內在和存在的接納與信賴也逐漸浮現。

摘自亞紀第三個月以後的「讚美日記」

覺得身體和心靈都變輕盈了，原來我也有這樣的能力。朋友說我的臉看起來瘦了很多，聽了好高興啊。照鏡子時確實可以發現臉變小了。每天都覺得愈來愈愉快。太驚人了，只要努力，一定辦得到。一定要更有自信喔。

覺得自己的存在很溫暖。總覺得心裡很滿足，這種感覺還是第一次呢。真的太神奇了。自己可以察覺到情況漸漸在改善。

照鏡子時發現臉不一樣了。我開始覺得，說不定我會喜歡上自己的臉呢。這真是太大的進步了，沒想到竟然會有這樣的轉變。

以前的我拚命尋找能幫助自己的書，總是買回一堆工具書隨身攜帶，可是心中的不安並沒有消失。現在就算什麼書都不看，也覺得很安心。太厲害了。把以前看過的書全部整理過後，也順便整理了心情，覺得暢快多了。亞紀，妳真的太厲害了。重要的不是書，是自己！

晚餐沒有吃太多，穩定控制的我真是太棒了。體重也稍微減少了，我再也不討厭自己的身體。能夠對身體說「謝謝你永遠支持我」的自己，實在很了不起。

稱讚自己，就會連帶對其他人溫柔，能夠分享愛給別人，我覺得，自己可以把精力和勇氣分給身邊的人。會有這麼大的改變簡直像做夢一樣。亞紀，妳真的變成一個很有魅力的人了呢。我好喜歡妳，我最愛妳了。

稱讚自己的優點，就會覺得我是為了讓自己更幸福、為了愛自己而誕生的。所以我大可自由自在地描繪自己希望的幸福形狀，我可以去做我最想做的事、成為最想成為的樣子，有這種想法讓我覺得好高興。能夠誕生在這個世界上、活到現在，我真的覺得很幸運。自從懂得讚美自己，我的人生就有了一八〇度的正向變化。太棒了。這真是太美好了啊，亞紀。

用全部「生命」來面對，讓自己變得更美！

亞紀每個月會從遠方開長程車來上我的課，我告訴她：「妳已經沒問題了，以後如果再覺得迷惘，再來預約吧。」我用宣告「畢業」的心情這麼對她說。

大家經常聽到「使盡全力」這種說法，而亞紀可說是「使盡生命的精力」來面對我。她不但實踐了我所有的建議，每次的個人課程上，若有不懂的地方，也都會認真地提問。

不到一年，亞紀長久以來持續的身心煩惱，可說幾乎都康復了。以這些煩惱的沉重程度來說，算是相當短的期間。「讚美日記」的手法，以及亞紀想改變的強烈意念結合為一體，她成功遇見了原本的自己，脫胎換骨。

她的心恢復到從生命中（而非腦中）湧現「能誕生在這個世界上、活到現在，真的很幸運」的念頭，那麼身體和大腦也會為了活得更好而努力工作。現在亞紀的體型已經慢慢接近她的理想，接下來就看她自己了。對於已經培養起自尊感的她來說，我想已經不是太大的難題。

「照鏡子時，連自己也覺得變漂亮了。以前的我寂寞、不安都表現在眼神中，所以眼神總是很黯淡。最近身邊的人都說我眼睛變得很漂亮，大家也常常說，妳在減重嗎？瘦很多呢！跟公司和家人的關係，也和一年前大不相同。

「我也曾經覺得，這聽起來簡直像童話故事裡的主角一樣嘛。原來我可以變得幸福、變得苗條，我覺得彷彿獲得了許可，心變得自由了。現在真的很幸福。但我還想要繼續進化，所以以後我還會繼續到老師這裡來……**我，想要認識那個最棒的自己。**」

「只要持續抱著這樣的希望，一定可以遇見最棒的自己。」我這麼告訴她。

我一向認為，通過痛苦和悲傷考驗的人，必能活出耀眼光芒的自己。亞紀也辦得到的！

讚美日記寫作技巧⑤

★無法稱讚自己時的因應方法

持續二、三十年都只看到自己的負面、抱持著負面的情感，或者對於自己的「生」抱著否定的意識，很有可能完全無法對自己產生正面的想法。

就算覺得不習慣、覺得抗拒，只要繼續對自己灌注讚美的話，異樣的感覺就會慢慢淡薄，像亞紀這樣實在不知道該怎麼稱讚自己的情況，可以試著說些「我要成為這樣的人」「我一定可以」這類帶給自己希望、鼓勵、勇氣的話。這些也都是帶有正面意義的話，對喚醒自我尊重意識是有幫助的。

★不拘泥於過去，讚美現在的自己

很多人都認為，如果不治療過去心靈的傷痕，就不能往前進、無法獲得幸福；但是我的看法完全相反，我認為過於執著於過去，只會在同一個地方一直繞圈圈，永遠無法前進。只要能肯定當下，自然就能順利療癒過去的傷痕。

亞紀寫「讚美日記」一年後，開始進行過去的療癒。

已經培養起對生命尊重感的亞紀，即使回想起過去的痛苦回憶，也能肯定地接納現在的自己，更加深對自己的信賴。亞紀的「讚美日記」裡寫著這樣的句子：

✎小四的亞紀，堆積在胸口的情緒沒人可訴說，一定非常難受吧。能夠咬牙忍耐，真是了不起！

✎那時的我（小四的時候）努力藉由吃甜食來讓自己安定，一定很痛苦、很難過吧。能夠活下來沒有尋死，真的很了不起。實在非常努力啊。

✎二十幾歲那時真的很難熬。工作不太順利，身體也總是不太好。但我還是很努力，能夠堅持到這個地步，太了不起、太難得了！本來以為我是脆弱的人，其實不然，我很堅強。以後，一樣可以堅強地活下去。

✎在○○公司時因為很怕上司，總是膽戰心驚，但還是忍了下來，好好地工作。嗯，我要給自己一個讚，做得太好了。

✎兄弟姊妹裡只有我是令人頭痛的孩子，但現在我告訴家人關於讚美日記的種種，大家都很高興，這真的太神奇了。以前的痛苦，或許也有巨大的意義。我能成長到今天這個樣子，真了不起。以後不管發生什麼我都不怕。我要以最美好的我為目標，繼續勇往直前。

★自我尊重，也會讓自己變美！

你是因為肥胖，才討厭自己？還是因為討厭自己，才變胖的？

我想每個人的答案都不一樣，至少可以確定，自我否定對美容絕對不好。血液循環和能量代謝都會變差，自律神經和腦內荷爾蒙也容易失調。代謝變差疲勞物質就容易堆積，不自覺地又吃甜食。身體變重，所以運動量減少。所有體重增加的條件都到齊了。

以為「只要瘦下來，就能喜歡上自己」，因激進減重而痛苦之前，我建議大家先持續寫「讚美日記」，喜歡上現在的自己；等到情緒穩定後，再執行減重計畫。前面提到因暴食症而煩惱的秀子，也因為「只要瘦下來，就能喜歡上自己」這個念頭，進行激進的減重，造成飲食障礙。

「讚美日記」能讓前額葉區活化，導引出控制力和幹勁，因而更容易養成飲食改善或輕度運動等積極的生活習慣。血液循環變好，脂肪也更容易燃燒。亞紀的皮膚不再暗沉，重拾雪白美麗的肌膚。

書寫「讚美日記」，也能自然控制食欲及對菸酒的依賴。前額葉區的活性和精神上的安定，對美容都有很大的幫助。以下介紹幾則體驗者的迴響：

「讚美日記能讓我正視自己的情緒。我以前總是會吃到撐為止，現在則會在胃覺得不舒服之前停下來，身體好像也變輕盈了。」（千葉縣．S）

「以前我都靠吃來排解壓力，就算已經飽了，還是會繼續吃到撐。開始寫讚美日記後，我會問自己這對身體好嗎，而且只吃對身體好的東西。」（三重縣．I）

「我嘗試戒菸好幾次，都無法成功。開始寫讚美日記後，明明沒有刻意忍耐，卻能自然戒菸，也順利控制了飲食。沒想到竟然能帶來這種好的副作用，真是太令人高興了！」（東京．C）

chapter 3

原諒自己多少，
就能原諒別人多少

在對方面前先原諒自己

我們都知道，原諒別人很重要。雖然知道，不過當自己對親近的人產生憎恨、無法原諒時，再加上責備自己的心情，相乘之下痛苦往往更大。

若能將此時的情緒加以整理、區分清楚，那麼即使現況沒有改變，心情也能變得輕鬆。心情一旦放鬆，原本瀕臨極限的心就會出現空間，許多智慧、直覺將能發揮作用，開始看見改善方法。

整理自己的情緒、好好釐清，乍看之下很困難，實際上該怎麼做才行呢？其實「讚美日記」就是非常有效的工具。

以「讚美日記」培養起自己的讚美習慣後，就能夠自然地原諒自己。大腦的迴路不管對自己或對他人都會發揮一樣的作用，所以只要能原諒自己，我想不需要花太多時間就能學會原諒他人。

當然，每個人面臨的狀況都不一樣，或許也會有強烈覺得無法原諒的情形。這時，請先從原諒自己、讓自己變得輕鬆開始。至於無法原諒的事，就暫且擱置吧。

「讚美日記」可以培養客觀看自己的能力，所以你慢慢會有力量靠自己看清楚問題，找出最適合自己的解決之道。

希望各位都能夠親身體驗到這樣的感受。

與不愛自己的母親誤會冰釋

——佐藤素子（三十八歲）

「當母親被宣告是癌症末期，我照顧了她五個月。我很恨母親，但是因為她的時日已經不多，身為女兒的我出於義務，覺得不能不照顧她。不過，我內心其實強烈地認為，從以前就很任性的母親實在很難相處。面對來日無多的母親，我煩躁不耐的次數逐漸增多。我不斷責備這樣的自己，在矛盾的心情下照顧著母親。」

素子將自己的煩惱告訴了朋友。這時，朋友一邊談起自己的經驗，一邊開始勸她寫讚美日記：「妳一定會覺得輕鬆點的，試試看吧。」看到比以前開朗許多的朋友，素子起初有點半信半疑，心想，真有這麼神奇嗎？

由於素子不帶真心、空有形式的照顧，讓自己因壓力過大而遷怒到孩子和丈夫身上。這樣的日子實在過得太辛苦，素子為了想讓自己輕鬆一點，開始嘗試寫「讚美日記」，每週大約寫三天左右。

表達自己的憎恨

「我非常討厭母親。不管什麼事，她都一定要控制到如自己所想，碰到不順心的事就會遷怒到我身上，經常沒來由地發怒。我從來不曾感覺到對母親的愛，當我為人妻為人母之後，稍微可以了解母親心裡的苦。即使如此，心裡還是無法原諒她。

「我下定決心，勇敢地將這份感覺告訴了母親。我告訴她到目前為止，我都非常地憎恨她，從小時候就有種種不愉快的回憶。母親聽了之後，向我道歉。『可是，其實我也不知道該怎麼做母親啊，真是對不起……』

「**我這才知道，母親也是一個從沒被自己母親愛過的人**。她一直很不安，一直譴責自己，我開始覺得這樣的母親真可憐。

「從前，我總是不願意碰觸母親，而現在我緊緊抱住她。抱緊她之後，我對母親說：『謝謝妳把我生下來。』

「從那之後、到母親過世的期間，我努力回想母親的優點、稱讚她，並寫在自己的讚美日記後的頁面上，然後告訴母親這些讚美的話。於是原本覺得是母親缺點的地方，慢慢也都能從正面來看待，這反而讓我自己獲得了救贖，而獲得稱讚的母親看起來也很開心。

「在我緊緊擁抱母親的三星期後，她過世了。直到她過世的那個瞬間為止，我一直不斷稱讚她的優點，不斷地稱讚……母親最後並沒有受太多苦，表情非常安詳。

「在我告訴母親對她的憎恨之後，我原本覺得很後悔，自己竟然對死期將近的母親說這種話，明明不想讓她道歉，卻讓她對自己道歉，覺得非常過意不去。**可是，當時的我不得不說，要是沒有說出口，或許我會繼續恨她，變成一個不知感謝母親、可憎的人吧。現在，我覺得當初把話說出來是個正確的決定。**

素子在母親過世半年後，來參加我的講座。她給我的印象是一位非常感激生命的人，我之後才知道由於這樣的背景，她對生命比其他人有更多的感觸。

上完課後，她依然持續寫「讚美日記」，對自己的內在繼續進行整理，更加看清自己。或許對她而言，這才初次嘗到活在世上的深刻喜悅吧。

摘自素子的「讚美日記」

✎ 對負面話語變得很敏感。當別人對自己說些負面話語的時候，能夠往正面的方向想而得以平復心情的我，非常好。

✎ 試著順從自己的感覺哭一場，才發現我以前都忍著不哭。原來我連這一點都沒發現，一直悶在心裡啊。能發現自己這一面，感覺心靈變得更平靜。真不錯。

✎ 我總是不在意自己的需求，一心附和他人。我尋找著別人眼中期待的我，拚命想達到那個目標，但我終於知道，那並不是真正的自己。現在的我有更長的時間能當我自己，實在太美好了。

✎ 如果連自己都不全然接受自己，還有誰能接納我呢？我發現，以前我總希望其他人、父母親能接受自己，只希望由別人來做些什麼。現在的我真的成長很多呢。

✎ 接納原本的我之後，覺得心情輕鬆了不少，原來不需要刻意逞強，不會的事情大可坦白說不會。我喜歡這樣的自己。

✎ 我發現自己會藉由攻擊他人來保護自己，以看輕別人來突顯自己的過人之處，能發現這一點就是很大的成長啊。

✎能夠溫柔對待女兒，對她感覺痛苦或討厭的事情能產生共鳴，加以安慰，我真是個好媽媽。

有多少憎恨，就能轉化為多少的愛

我在講座上遇見素子後，又過了四個月（她母親過世十個月後），這時的她看起來相當從容、沉著。我對她說：「妳整個人都不一樣了呢。」她笑著回答我：「那是因為我的愛都甦醒了啊。」

不只是素子，當我們從與父母之間的矛盾中解放，長期的負面感情轉變為愛之後，人的心靈就可以獲得相當深刻的平靜。而素子身上就有這種將憎恨轉化為愛的人，特有的安定感。

「現在我還會回想起母親說過的美好話語，偶爾也會想起不愉快的時候，但現在我已經可以接受，一切都是無可奈何的啊。在我的餘生裡，我會繼續回想母親的優點。能夠變成現在這個知道感謝的我，真的是太好了。眼淚完全停不下來啊！

「現在是我人生到目前為止，最幸福的時光。以往所發生的事，對我來說都是必要的。不管是好事、壞事、痛苦的事，對我來說，一切都是必要的，現在我能夠打從心底這麼想。每一個瞬間都是那麼的可愛，我很慶幸自己生在這個世上，對未來充滿了雀躍期待。從今以後，我還要更享受活著的每一天。我相信我一定可以原諒自己、原諒家人。」

原本總習慣在最親近的家人身上挑毛病的素子，現在在無意識之中，學會找出家人的優點。以前常常被罵的孩子，最近經常受到素子的稱讚。兄弟之間吵架的次數減少，彼此互相稱讚，開心的場面增加了。這也是身為家長的另一種幸福。

素子說，當她學會如何與自己妥協，也開始能夠順利地把心情告訴孩子和丈夫，在彼此之間取得妥協。

「以前總是在乎他人的眼光，覺得自己必須扮演好人，所以總是精神緊繃。現在我覺得我就是我，這才知道，原來以前都在扮演別人的角色。」

現在的素子，對於妻子過世後獨自生活的父親非常溫柔體貼。

「小時後，父親經常陪我做功課，放假時也會陪我玩到我說累為止。我能有今天都是因為有了父親的愛當基礎，最近我再度覺得十分感謝父親，跟父親之間的連繫又更深了。」

從「戴著面具的素子」恢復到「原本的素子」，這份清爽舒暢也展現在她的表情上。我也能夠安心地面對她。

我告訴她：「妳已經不要緊了，從今以後，妳可以忠於自己的心情，愉快地活下去。這就是給妳過世的母親最好的禮物。」

「我覺得非常幸福。」一邊擦眼淚的素子，美麗的笑容給我留下了深刻印象。

讚美日記寫作技巧⑥

★給對方道歉的機會

能夠發自內心原諒母親，真是太好了。由於太想表達自己憎恨的心情，終於忍不住說出口，結果也非常美好。

因為對素子的母親來說，等於有了「道歉的機會」。即使覺得抱歉，身為母親也很難向自己的女兒道歉。可是，透過道歉，讓長久以來鯁在胸口的壓迫消除、變得輕鬆的，其實是素子的母親自己吧。我想她長久以來，一直在期待這樣的機會。

過世之前能夠好好和自己的女兒緊緊擁抱，母親心裡一定充滿了無上的幸福。能夠放下心裡的罣礙，不帶遺憾地回到天上，我想也不失為一種幸福。

★珍視對方道歉後獲得撫慰的心情

受到不合理對待時，我們會覺得受傷、憤怒、無法原諒。我覺得這是一種尊重自己的情緒表達。

就算表面上以為自己並不期待對方道歉，內心深處也會因為接收到期待已久的道歉，而充滿自尊感。這時，在無意識之間封閉的肯定情感及對愛的意識，將會豐沛地湧出。每個人在生命當中都擁有這樣的泉源。從泉源中湧出來的水會滋潤自己，並且流到周圍，也滋潤了身邊的人事物。

在閱讀這個故事的各位當中，或許也有人無法原諒自己的父母，可能也有人抱持懷疑的態度：「真的嗎？」可是，這種宛如小說情節般的故事，實際上真的存在，我也經常從講座的參加者中聽說過類似的體驗。

心中暗藏著對父母的不滿或憎惡的人，請先試著利用「讚美日記」來解放自己的心吧。等到能夠站在稍遠的距離來觀察自己、順暢地表達自己的心情時，我想就能夠用自然的態度，將心情傳達給父母了。

★不再在乎周圍的眼光

很多人太過在乎周圍的眼光，為了不討人厭而配合他人、對別人百依百順，但心中卻同時累積了許多不滿。

這種狀態長年持續下去，人會迷失自我。神經會失調，情緒容易低落，負面思考變強，也會喪失心靈的平衡。

實踐「讚美日記」可以養成關注自己的心靈習慣，改變大腦的迴路，所以在極短期間內就能夠讓自己不太在乎周圍的眼光。如此一來，就可以有較長時間保持如實的自己，壓力也相對減低，讓每天的生活變得更輕鬆愜意。

「照護憂鬱」的痛苦消失，還有意料之外的收穫
——坂幸惠（六十三歲）

幸惠大概從兩年前，就覺得沒有精力、沒有自信，活著失去動力。為了逃出這樣的狀況，她試圖找了許多諮商、自我啟發研習、瑜伽教室等他人推薦的課程，積極地參加、實驗、努力。但是，她始終沒有遇到自己能打從心裡接納的課程，內心愈來愈混亂的幸惠，最後只好就醫。

幸惠在醫院被診斷為「憂鬱症」，醫生也開了藥方。除了安眠藥，還有另一種醫生告知吃了之後就會想睡覺的藥物。她聽了之後擅自判斷，自己白天要開車所以不吃這種藥，只吃了安眠藥。

在這種鬱悶的日子裡，整理書架時，突然有一本書掉了下來。明明不應該有書掉下來的啊……她正覺得奇怪，伸手去拿，原來是手塚千砂子寫的書（笑）。她心想，這一定是在告訴自己：「去找這個人吧。」於是，她來到了我的課堂上。

照護婆婆時所受的委曲

幸惠結婚三十五年，兩個孩子都已經獨立，原以為終於可以擁有自己的生活，沒想到，五年前開始和需要照護的公婆同住。她一邊打工一邊照顧嘮叨的婆婆上醫院，還要照顧公公，開始一刻不得閒的每一天。從第二年開始，她的全身各處出現病痛，不適的次數增加。到第三年，出現照護憂鬱症的症狀。

在這期間，她也經歷了兩個兒子各自結婚、生下孫子等開心的事，但她只有一個身體，該做的事卻一年比一年增加。儘管辭掉了工作，身體卻覺得愈來愈疲勞，心裡也感覺即將到達極限。終於，幸惠的生命鳴笛舉起紅牌，告訴她：「快找回妳自己吧！」

「我已經不知道自己到底是為什麼而活，為什麼而結婚……愈想就愈不明白……」

幸惠一邊擦著眼淚一邊說，而我則告訴她：

「如果覺得愈想愈不清楚，那就暫時別想了吧。不要思考，試著去感覺看看。」

「我的身體好像已經不是自己的，什麼都感覺不到，連味道都嘗不出來了……」幸惠這麼說。

「只要不去思考，讓頭腦空白，感覺就會回來的。這種問題有簡單的方法可以解決，妳不用擔心。妳的身體和心靈都可以找回自己，變得更輕鬆的。」

幸惠原本的性格既開朗又積極，她深信：人只要努力，一切都辦得到。她的丈夫很沉默寡言，平常非必要不太說話。幸惠回顧，結婚三十五年來，兩人幾乎沒有敞開心對話過。

「自從孩子獨立後，本來想要重新規畫兩個人的生活。不過，和公婆同住後，丈夫事事都聽父母的，夫妻之間的鴻溝愈來愈深……

「婆婆罹患腰椎管狹窄症和坐骨神經痛，雖然醫生說，只要復健將來還是可以走路，但是她卻不想復健，現在幾乎臥床不起。在同住之前，就知道婆婆很任性，我已經有心理準備了，但是她每天充滿惡意的言行舉止，實在超乎我的想像。」

比方有次幸惠煮了烏龍麵，拿到床邊給婆婆吃，看看時間應該快吃完了，正想去把餐具撤下時，婆婆卻說：「我剛剛吃的烏龍麵都已經冷掉了。」

幸惠說：「怎麼可能？我剛做好就拿來，應該很燙的啊。」

婆婆將麵碗推向幸惠，「妳自己看看，竟然讓我吃這麼冷的麵！」

又有一次，幸惠拿了晚餐去給婆婆。因為婆婆說：「我不要吃魚和肉，以後多給我準備點蔬菜吧。」隔天開始，她改做了好幾種以蔬菜為主的菜色。沒想到一星期過後，婆婆又說：「妳老是讓我吃蔬菜，我也想吃肉和魚啊！」

幸惠一直非常努力，心想總有一天婆婆一定會了解、感謝自己。可是這條路卻總是看不到前方，除了心中的不滿逐漸膨脹，她也陷入了自我否定的谷底。

幸惠在來找我的幾個月前，終於告訴丈夫自己被診斷為憂鬱症，讓婆婆住進老人院。

面對心靈的三種工具

根據我的經驗，如果一個人原本個性積極、做事努力，那麼雖然會因環境而異，不過這種人的自我恢復能力通常比較快。我告訴幸惠這件事之後，建議她先進行兩個星期的實踐。

由於幸惠希望讓混亂的頭腦休息，平靜地面對自己的心靈，我請她實踐以下三件事情：

①每天寫讚美日記

②感覺訓練（參照120頁，在可能的範圍內做）

③光的形象（參照120頁，在可能的範圍內做）

進行了這三項功課後，幸惠的臉色開始變好，表情也開朗許多。她的心情變得平靜，身體上的病痛看來舒緩了不少，也露出了笑臉。

據說她每天都實踐這三項功課，我想應該花了不少時間吧。

以下是我進行諮商時，觀察幸惠的發現和變化，所整理出來的重點：

❖結婚三十五年來，都帶著必須取悅丈夫、公婆的義務感而活。從義務感稍微解放，心情變得輕鬆不少。

❖周圍的人認同自己的價值後，才覺得自己是個有價值的人，以為別人的看法就是自己。

❖了解到即使別人不稱讚自己，只要自己認同自己的價值就行了。

❖能感謝雙親給自己健康的身體。
❖不吃藥也睡得著。
❖對生命傳達「感謝」時，覺得腹部被一股溫暖的氣息包圍，身心都放鬆了。
❖感覺有一顆巨大的白色光球接近自己，被光芒包圍住覺得很舒服、很安心。

在短短兩星期之內，幸惠有了許多正面的變化和發現，並感受到全新的生命體驗，這樣的成果可以說非常豐碩。關於這三項組合的相乘效果，我雖然累積了長年的實證經驗，然而幸惠的案例更讓我訝異。

或許是因為她有強烈的意念，覺得「如果現在不想辦法，就沒有將來了」。她認真的「意念能量」，和幸惠原本做任何事就都非常認真的「原有能量」結合為一體，為她的身心和大腦帶來了巨大的變化。

那麼，這兩星期的變化，是不是足以讓她一輩子都不再有負面的情感呢？其實未必。要維持這種變化，得拓寬腦內的迴路使其更穩定，還需要不斷重複。

在早期感受到這些變化，就能夠擁有對自己的期待和信賴，為今後的實踐帶來幫助。只要不中途放棄，就能夠順利繼續開發自我，最後徹底學會，成為自己的一部分。幸惠也表示，「我會持續下去，避免又走回頭路。」在那之後，她繼續寫「讚美日記」，漸漸懂得花時間在自己的嗜好上，享受日常生活。

摘自幸惠兩個月後的「讚美日記」

✎跟先生說話時，會提醒自己要好好面對、笑口常開，我真是大有進步。連一向沉默的先生也漸漸開始跟我說些話，真有趣。

✎只要自己改變，周圍也會跟著改變，能夠這樣想的我實在很了不起。

✎即使有未竟的心願、辦不到的事，也不會責備自己，這樣的我真是大有成長吶。

✎放下一切跟朋友外宿旅行了一天。可以切身體會到開放感，也是對自己好一點。只要努力，是辦得到的啊。能夠好好照顧自己身體和心靈的我，原本就是有深厚的愛呢。

✎早起在飯店附近散步，看到一間神社，進去逛了逛，不知不覺中，發現自己竟然在祈求「希望婆婆的病痛能稍微好一點」，實在太驚訝了。心情放鬆之後，原來我也能變得溫柔啊，真是太棒了。

✎我發現除了自己的優點，也漸漸能看到別人的優點。我變了好多啊。

短短兩個月內，幸惠已經能在無意識中自然而然正面思考。看來每天進行三項功課，幫助她在短期內確實架構起正面的「自我讚美迴路」。

三個月後，她已經成為一位享受每一天，而且開朗、從容生活的人。老實說，我大為折服，原來還有像她這樣的人吶。

摘自幸惠三個月後的「讚美日記」

- 笑的時間增加了，有更多機會活動臉部肌肉，我的笑臉真美。
- 開始替孫兒縫衣服後，手藝愈來愈好了，真令人高興。
- 能找出真正想做的事，並且樂在其中，這種感覺真不錯。
- 開始能體貼對待身體，是因為心變得誠實的關係吧。腳痛的毛病不知不覺消失了，現在能夠正常走路，真是太感恩了。會這樣想的我，也是一種成長的證據吧。
- 合唱時有時會感覺聲音從丹田發出來。這樣的聲音真好聽。
- 筆直站立的時候，重心會往下沉，感覺自己跟地面之間就像磁鐵一樣互相吸引，緊貼地面（排隊在收銀機前等待或者等車的時候）。能夠體會到這種生命的感覺，真的是太美妙了。

✎生活在一個充滿個性的家庭中，能夠把家照料得這麼好，實在了不起！

幸惠第一次來拜訪我的時候，很沒自信。

「我從來沒寫過什麼文章。要我每天寫下讚美的話，我真的能夠辦到嗎？可是，我相信這樣做一定會好轉，我會試試看的。」

現在的幸惠說起話來充滿幸福光環。

「沒想到書寫竟然是這麼有趣的事，我又有新的自我發現了。提筆後，就會不停地寫下去。我還稱讚自己：說不定我還滿有文采的，過一陣子不如來寫個自傳好了（笑）。都六十多歲了還能夠有這種衝勁，人的可能性真的是無限大呢。」

她用來寫「讚美日記」的筆記本自從開始寫三個月後，現在已經是第三本了。這麼短的時間內，氣勢真的相當驚人啊。

連我都沒寫得那麼勤呢……唉呀，可不能和別人比較啊。

讚美日記寫作技巧⑦

★不跟人比較

我想拜託各位讀者，把這些故事都當作各別的案例，了解世界上也有這種人。但千萬不要拿自己跟別人比，而妄自評價自己明明非常努力，卻沒辦法做到跟某人一樣。針對所有案例，都不應該去比較、判斷。

重要的是，接納自己的故事，如果可以，最好能帶著興趣來接納，並享受變化的過程。這麼一來，**將能提高自我尊重的意識，加快與本質相遇的時刻**。

關於照護的煩惱可能有許多不同情況的案例，我告訴各位這個故事，並不是要強調這是個「可以減輕照護負擔的方法」。但是，我認為心靈確實可以藉由這些方法變得輕鬆，自尊感提高之後或許也能發現什麼新的切入點，之所以介紹幸惠的案例，就是希望各位也能有這樣的收穫。

即使煩惱的內容跟幸惠完全不同，藉由書寫「讚美日記」，或許也能有超乎預期的正面發展。至少，在心情上及對照護的看法上，「讚美日記」都能提供幫助，因此非常建議大家一試。

★感覺訓練

這是一種喚醒身體的舒適感和生命感的訓練。過於讓意識朝向外在世界的現代人，往往忽視或遺忘自己身體和生命的感覺。集中於感覺上，喚醒這些感覺，可以連結到生命的本質，找回原本的自己。

我將此命名為「聆聽生命聲音的自我尊重訓練」，在各地進行課程。讓感覺清澈透明，在對身體和生命傳達感謝之意時，就能擷取到生命的意識。

★光的形象

我們的意識其實就是能量。負面意識會發射黑暗沉重的能量，正面清朗的意識會發射明亮閃耀的能量。

把這種明亮閃耀的能量想像為「光」，喚醒心中清新、聖潔的存在，更容易浮現出來。在寫完讚美日記並進行過感覺訓練後，感覺到身心放鬆及舒適的狀態下，想像光的形象，將會更容易引發出對生命的尊重感。

★按照自己的步調就好

讚美日記和感覺訓練，都是找回自己本質的方法。根據經驗法則，我認為幸惠因為每天實踐這兩項功課，再加上光的形象，加速了原本愛和自尊感的顯化。

這訓練的成效根據每個人內在經驗的大小、深度、一個人的精神性，以及歷來對於內在的學習等，達到「找回本質」的時間都不一樣。並不是單純計算是否每天進行這兩項，兩星期後就一定可以有所改變，還請大家不要誤解。

比方說，我最近遇到了這樣一個人——

買了筆記本打算開始寫「讚美日記」的A，在開始寫之前，心裡覺得應該可以一一稱讚自己的優點，宛如灑花般對自己灌注讚美話語。結果光是這樣想像，就發現自己的本質突然被揪住，並拉到表面來的感覺，下一個瞬間，開始號啕大哭。A實際感受到「讚美日記」具有龐大力量，可以引出人的本質。我也是第一次遇到這麼快就有感覺的人。

幸惠懷抱著相當深的悲壯感面對自己的生命。正因為悲壯，才會尋找生命的意義，她一邊煩惱生命因何而存在，一邊尋找答案。幸惠認為現在如果不找到出路，自己就沒有未來，這種認真嚴肅的內在需求，和我的方法論剛好切合一致，所以才能在如此短時間內改變，或者說，恢復為原本的幸惠。

有些人寫了兩三天「讚美日記」，但是並沒有特別的體會和感覺，也有人寫了一個月後才終於了解。

我們很容易受限於時間的早晚，想去進行比較，但是請務必接受自己，接受自己的情況，以自己的步調來穩健實踐。

chapter 4

欣喜發現
自己的堅強

稱讚自己，可以培養出堅強的性格

在我們的社會中，自古以來都認為自我否定是種美德，是種良善的成見。身處這樣的背景當中，從來沒人考慮過「讚美自己」這種與良善、美德剛好相反的行為。長久以來，我們都認為：稱讚自己實在太奇怪了、這樣一來會讓自己愈來愈糟糕的、稱讚自己會讓自己變得軟弱。即便是因自我否定而痛苦的人，都常常有這種成見。

在我看來，這種現象實在很奇怪，一點都不合理。但不容否認，這樣的觀念在我們的社會中已經根深柢固。

自我否定跟尊重個體、尊重生命剛好相反。這種想法否定了自己的生命及自己的存在，更進而否定其他人的生命和存在，所以我一向主張，這種想法根本算不上美德。

稱讚自己根本不會讓你變軟弱，也不會讓你變得沒用。剛好相反，透過許多實證，我確信這可以讓人產生相信自己、帶著勇氣前進的堅強。

以下即將介紹的案例，也都是靠讚美日記而變得堅強的人。請大家放心，大膽地稱讚自己吧。

挑戰國考三次，終於成功

——須藤五月（二十九歲）

五月大學畢業後，順利成為自己嚮往已久的粉領族。第一次一個人住，因為從長期以來相處得並不融洽的父親身邊解放，心情也變得更自由，充滿了喜悅。

可是，由於無法適應電腦文書工作和新的人際關係，晚上經常失眠，一年後憂鬱症發作。

之後，她一邊接受治療，一邊持續工作了兩年。不過，由於找不到對工作的熱情，最後還是辭職了。

五月想藉此機會，再找更適合自己的工作，也馬上付諸行動，這就是她獲得現在這些喜悅的起跑點。雖然已經起跑，目標卻比原先預計的還要遙遠，在這當中，也幾度想放棄。最後，五月靠著「讚美日記」來克服這個難關。她一邊學著如何和憂鬱症和平共處，一邊準備考試。我認為這需要相當大的努力才行。

五月為了持續無論如何都想從事那份適合自己工作的強烈意志，「讚美日記」應該發揮了很大的功能。

「我得了憂鬱症的時候，心中的痛苦連家人也沒辦法理解，沒有人能夠幫助我，讓我非常不甘心。於是，我開始想從事能夠接納其他人心靈的助人工作，所以選擇了精神醫療社工。比起每天盯著電腦工作，我發現自己更適合與人接觸，所以對這個選擇從來不曾感到猶豫。」

念書前先重建心靈

找到理想目標的五月，馬上就開始學習，還去上了專業補習班。可是，在罹患憂鬱症的狀態下念書，控制心情成為一件很困難的事，她持續了兩年還是失敗了。一年一度的國家考試落榜了兩次，雖然陷入如此痛苦的狀態，她並沒有灰心，還是決定挑戰第三次。

總之，必須先重建心靈才行，這時她挑選的方法就是「讚美日記」。開始寫讚美日記的第一週，她來參加我的個人課程。

「在補習班認識的朋友都考上了，讓我覺得很失望，憂鬱症的症狀變得更嚴重。可是自從開始寫『讚美日記』，還不到一星期，就覺得心情輕鬆不少。所以我想，如果直接來上你的課，說不定效果會更好……無論如何，我都希望明年一定要考上。現在我回到父母家裡，請他們照料生活起居，不過這也讓我很難受……」

當時她服用安眠藥和抗憂鬱藥物，幾乎足不出戶，總是躲在家中。

據五月說，她的父親是不懂得控制情感又任性的人。從小她就經常被父親吼罵，在小學和國中也都遭受過霸凌，所以她的自我否定感很強，總是小心翼翼在意著四周的情況，是個不懂得說「不」的孩子。

母親也要看父親的臉色，就算偶爾會對孩子抱怨，但也沒有餘力傾聽孩子說話。她的自律神經很容易失調，常常接受保健室老師的照顧。在保健室裡，總是可以得到溫柔親切的稱讚，這對五月來說，是種心靈上的救贖。

五月是在辭掉工作之後才體認到，帶著幼時自我否定的性格直接進入社會，才會造成龐大的壓力，覺得痛苦。

正因為如此，她才想要改變自己，努力學習，就算取得國家證照、找到了工作，如果再次在人際關係上受阻，一切也失去意義了。

她終於發現到這一點，五月真的很聰明，她說得一點都沒錯。

自己推自己一把

五月開始寫讚美日記後，我給了她以下建議：

❖每天寫。

❖寫下鼓勵自己和帶給自己勇氣的話語。

❖為了延續當上精神醫療社工的決心，一定要繼續寫下「我一定要考上國家考試」（因為這可以強化實現希望的願景）。

❖稱讚自己每天用功。

❖學習進度不如預期時，不能有否定的想法。應該要稱讚朝向目標努力的自己。

對於憂鬱症狀較嚴重的人，每天寫「讚美日記」並不是件簡單的事，雖然了解這一點，我還是告訴她：「哪怕一天只有一句話也好，一定要每天都寫。」

五月因為有十個月後一定要達成的目標，所以我希望她盡早建立起自我尊重的思路，讓自己的前額葉區活化，提高精神上的穩定和注意力。要讓她準備考試的進度每天都有進展，重要的是必須不斷肯定自己，給自己勇氣和鼓勵，讓自己來推自己一把。

每天外出散步

除了「讚美日記」，對於整天足不出戶的五月，我還提出了一項希望她每天實行的事。

那就是每天都外出散步。在不勉強自己的範圍內、不需要把它當成以運動為目的的快走，只要出去散散步、呼吸新鮮空氣，順便曬曬太陽就行了。

這麼一來，可以增加給腦內帶來快感的物質「血清素」，促進血液循環，讓身心活化，讚美日記的效果也會更加明顯。

不定期來參加課程的五月，每來一次表情就更加開朗、更有魅力。雖然她經常覺得身體不舒服，和家人之間也偶有問題發生，有時也會覺得沮喪。但在這樣的日子當中，她還是集中精神念書，不斷稱讚自己，在我看來她非常的努力。

五月在第二次考試落榜後首次來到我的課堂上（二〇一〇年三月），距離下次考試（二〇一一年一月）的這十個月間，可說是百分之百實踐了我的指導。這次為了寫這本書，我向她借來了「讚美日記」，才知道她實行得這麼徹底，真讓我覺得汗顏。

而在二〇一一年三月十五日，五月傳來了一封郵件。

「老師，多虧你的幫忙，我考上了！因為不斷寫讚美日記，我終於順利考上了！以後我還要繼續寫讚美日記，不斷努力下去。」

幾天後，我又收到她的另一封信。

「多虧老師，我已經找到工作了，我真是太高興了！從今以後，不管發生什麼事，我都要不斷讚美自己，加油努力！」

五月最近還繼續服用抗憂鬱藥物，但憂鬱症狀已經改善很多，心情變得輕鬆多了，在她的腦中和心中一定都變得輕盈不已，就像在雲上飛行一樣吧。我看了也覺得非常高興。

五月每讚美一件事就會編號，她說自己很喜歡數字，所以自然而然就會這麼做。

讚美日記中頭號登場的第一棒是「我既坦率又直接的地方，真的很棒」，直到考試當天最後的「讚美」是1799號，平均每天寫五條左右，在考試當天她是這麼寫的：

「為了不讓自己目前為止全力以赴的努力白白浪費，一定要打起精神好好加油！」

「這一年來，妳真的非常努力，辛苦了，謝謝。」

「一年來，始終和我一起工作的腦細胞與身體，謝謝你們。總是和我一起面對的心靈，謝謝你。謝謝我自己，謝謝妳這麼努力！」

接下來就讓我們來看看，我給的建議如何展現在五月的「讚美日記」中，而她對「讚美日記」又有什麼樣的實際感受。

摘自五月通過考試前的「讚美日記」

✎ **四月二十一日** 我的心態很積極，這都是「讚美日記」的功勞。我真是太棒了。

✎ **六月一日** 今天學到了社會系統。身體狀況雖然不好，我還是很努力，這麼一來我一定可以考上精神醫療社工的，絕對可以。開始寫「讚美日記」後，我確實改變了，我怎麼會這麼厲害。

✎ **十月七日** 和家人的關係雖然讓我很煩惱，但是寫了「讚美日記」之後，每當重讀日記，就會讓心靈和身體記住自己的讚美，也知道一切都會沒問題的。這樣的我真是很了不起。我這麼努力，一定可以提高自我尊重感。

我告訴母親現在想專心準備國家考試，所以沒有辦法聽她抱怨，能夠說出這些話的我真是堅強。我有很明確的信念。了不起，我確實往正面的方向前進了，真是太帥了。

十月八日 能夠了解「自己和自己有共鳴是什麼樣的感受」，真是太好了。持續寫讚美日記，以及幾乎不懈怠地努力念書，讓我開始能夠尊重自己，也能夠和媽媽保持適當的距離。我真的非常努力，我一定可以成功考上精神醫療社工的國家考試。

十月九日 活到今天雖然非常辛苦，但我很感謝自己能夠來到這個世界。從今以後，須藤五月還要繼續這場幸福的遊行。我一直不斷讚美自己，不管什麼時候，只要能不斷稱讚自己就沒問題，沒問題的。我非常聰明，又有勇氣，我有很多優點，所以我一定可以大大發揮自己的力量。一直以來真的辛苦了，我真的非常能幹，謝謝妳出生到這個世上。一定要繼續寫讚美日記，我要讓讚美的迴路變得愈來愈寬，也讓心變得愈來愈寬廣。

十月十四日 讚美日記累積到1000則。太棒了，真是驚人啊。今天學習了障礙者自立支援法和海外福祉的歷史，這麼一來我一定可以考上的。

✎十月二十一日　不服用安眠藥就能入睡，太好了。我已經找回自己生命的力量了，實在很了不起。

✎十一月十一日　跟〇〇一起有趟快樂又省錢的約會，我真是太行了。這就是我好好寫讚美日記的證據。

✎十一月二十二日　最近漸漸不會焦躁的我，真厲害、真厲害啊。這就是我明確進化的證據。多虧了讚美日記，我每天都好好活著。

✎十一月二十六日　多虧了讚美日記，就算遇到討厭的事情，我也能夠很快站起來。這是我培育出自尊感的證據。我的心確實變得愈來愈勇敢了，我大有成長，「讚美日記」的力量實在非常偉大。

✎一月八日　我今天早上六點就開始念書，每天都腳踏實地，非常努力。覺得早上太陽很舒適的我，這樣的感性真是太棒了。

✎一月十二日　今天也到外面散步，補充血清素。水仙和山茶花好漂亮，在寒冷的天氣中還看到了蒲公英，沐浴在太陽光下的蒲公英，看了真讓人感動。我這樣的感性實在很難得。

✎一月二十八日　考試前一天。一年來真是辛苦了，我相信我一定可以考上的，然後一定可以到〇〇醫院去上班。沒問題，沒問題的。今天決定住在飯店真是聰明的選擇。今天也要好好念書。心靈和身體都很穩定的我，非常的平穩安定。謝謝妳活下來，活著真好。

五月在每天的「讚美日記」上，一定都會寫上「通過精神醫療社工的考試」。自從她具體知道想要去的醫院之後，也會寫上「考上之後一定要到○○醫院任職」，並每天把對工作的期望寫在讚美日記上。

最後，她終於一舉實現了這兩個願望。對於她意志的強大，真想給她一個大大的喝采。

讚美日記寫作技巧⑧

★維持動機及對目標的想像

為了達到目標，當然必須做出相應的努力。不過，維持動機，以及對於達到目標後的想像，也是非常重要的。**「讚美日記」除了可以同時進行這兩項訓練，更能消除不安、提高注意力，所以能讓人更享受努力的過程**。

「我今天也非常努力，這麼努力的我一定可以考上精神醫療社工！」每天書寫這些充滿勇氣句子的「讚美日記」，除了能帶給自己勇氣，也在無意識中每天替自己進行了想像訓練。

為了實現目標和希望，一邊提高自尊、一邊進行想像訓練，我認為可以引導出最強的能力（不過，請特別注意，這並不適用於控制除了自己以外的人和他們的夢想實現上）。

★傳達到生命深處的話語

五月從中途開始，還有一句每天都會寫下的句子。

那就是「我能活在這個世上真是太好了，感謝上天讓我出現在這個世界上」。

這是因為有一天，當她和父親爭執的時候，父親對她這麼說：「要是沒生下妳就好了。」因為心情低落而來參加我個人課程的五月，我勸她每天寫下「能活在這個世界上真好」。

在準備考試的過程中，只要稍微有一點否定自己的「生命」或「存在」，就會大大減損自己的能量。不斷反覆寫下接受自己生命的句子，可以帶來牽引出對生命深度的意識（對生命的祝福）。

「我很高興我一直寫下這些句子，這讓我更堅信『我可以抬頭挺胸地活下去』。」

五月開朗地回答我。

讚美日記在非常時期也能發揮效果

二〇一一年三月發生的東日本大地震，受災者的心境，我們終究無法推測。躲過一劫、逃到避難所的倖存者及失去家人的人們，所有受災者感受到的巨大恐怖、絕望、悲傷及憤怒，對我來說終究無法想像。我認為，即使用盡千言萬語也沒有辦法表達。這時我心想，必須要盡到自己的責任才行。

東日本所遭受的歷史性大地震與核災造成的綜合性災害，絕對不該只由東日本或日本來承受，而應該由全世界來共同承受。我認為這些事件其實是在向全日本、全世界傳達出重要的訊息。

在這裡，我希望讓各位了解「讚美日記」所引發的自尊感和心靈的堅強，在如同這次震災的非常時期，也能夠發揮功效。

以下介紹的案例都居住在災區周邊，雖然並非本人或家人的性命受到危害，也沒有喪失居所直接受災。但是，類似這次的大災害，除了周邊地區，對全日本都確實造成了精神上極大的打擊。關於人此時的心理狀況及「讚美日記」的效果，希望以下的例子能夠給大家一些參考。

慶幸自己培養起自尊感

——杉田亞矢（三十二歲）

亞矢住在群馬縣，與距離受到巨大災害的茨城縣相鄰。她在任職的百貨公司上班時，遇到了東日本大地震。

突如其來的劇烈搖晃、玻璃迸裂、物品陸續掉落碎裂，發出極大的聲響。前方慢慢出現煙霧，視線漸漸模糊。搖晃的程度嚴重到讓人無法站立。建築物倒塌，全身都感受到可能被壓死的恐懼。這時候，亞矢忍不住蹲了下來。

但是在下一個瞬間，她從身體裡聽到了「要活下來」這句「生命的聲音」。她猛然一驚站了起來，開始在黑暗中奔跑。

「當我開始奔跑之後，就能冷靜地採取行動。遇到發出慘叫的人或被恐懼包圍的人，我還能出聲鼓勵他們『鎮定一點，沒事的、沒事的』『大家一定都會平安的，別擔心』，冷靜地誘導大家到安全場所去避難。我自己也很擔心家人的安危，沒想到卻能夠如此沉著，連我自己都覺得驚訝。沒想到我竟然有這種力量啊。

「這一定是因為我每天在讚美日記上稱讚自己，溫柔鼓勵自己『沒問題、沒問題的』，並且感謝自己的生命，才有的結果。

「地震之後，我沒有因為電視廣播的資訊而覺得不安，也並不會為了不知道是否正確的轉寄資訊，或者是煽動人不安情緒的對話而迷惑，自己始終保持著毅然的態度。我想，這就是兩年來持續寫著讚美日記的證據吧。

「我從沒像這次這麼深刻地感受到，從平時就提高自我尊重感有多重要，以及自己的生命有多麼珍貴。」

如果是平常就站在指揮立場、負責統領部下的人來進行這種避難誘導，或許不值得一提。

但亞矢只是個一般員工。而且，她兩年前第一次上我的課程的時候，並不是會主動和別人說話的人。她是一個沒什麼自信、很容易受他人言語左右，又容易沮喪、消極的人。

當時她告訴我：「無論如何，我都想要改變自己。」她提到這次經驗時，讓我感受到幾乎無法想像的冷靜、堅強與勇氣，覺得深深被感動。

這都是因為兩年來實踐「讚美日記」，讓亞矢培養起自尊感，讓原本就存在自己內在的許多力量，浮出表面的證據。在這種非常時期，平時難以看見的能力及心理功效愈能夠看清楚，這也讓我感觸良多。

穩住自我，絕不敗給餘震的恐懼

——宮田洋子（二十七歲）

獨自住在宮城縣仙台市的洋子，從遭遇震災之前的幾個月，開始寫「讚美日記」。

在那之前，原本心情就很容易低落的洋子，是透過NHK晨間特別節目「改變人生的驚奇讚美能量」而認識「讚美日記」的。節目中曾經說明「讚美日記」可以「增加對社會的適應力」，所以她深深認同，馬上就開始嘗試，心情也確實變得更振奮。在那之後，她來參加我的講座，希望能夠學習到更多東西。

兩個月後發生了大地震。地震激烈的搖晃雖然讓洋子心情非常忐忑不安，但是她發現自己能夠冷靜地採取行動。之後一個月所發生的事，她從未想過會在自己的人生中發生：電車停擺、機場關閉、沿岸因為巨大的災害成為一片瓦礫、聯絡不上家人的不安、尊敬長者的過世、每日不斷的餘震……

不管是眼睛看到、耳朵聽到的資訊或身體所感受到的東西，一切都化為恐懼和悲傷，擠壓著她的心。但在這當中，洋子並沒有忘記肯定、客觀看自己的觀點，還能夠保持住自我；她也拚命努力繼續寫「讚美日記」。

摘自洋子震災一個月後的「讚美日記」

- 心情低落的深度很淺，時間也變短了，真厲害。
- 沒有敗給餘震的恐懼，能夠好好生活，原來我比自己想像的還要堅強。沒問題的。
- 在現在這種狀況下，還想要學習摸索更多事物的我，真是太積極了。
- 能有讓我擔心的家人、戀人、朋友，真是值得感謝的事。能夠這麼想的我實在是太棒了。

✎稱讚的時候能讓自己更有精神，也覺得自己的心變得明亮之後，世界看起來也更明亮了，真是美好。

✎震災的壓力讓我有點便秘，儘管如此，我發現自己的腸子還是在蠕動。謝謝你，真是太棒了。

✎我能夠坦率地和家人相處，也能夠坦率地肯定自己，這真是非常美好的事。

✎別人無心的一句話，我也能靠自己的力量，讓自己重新站起來。這樣的我確實有所成長了，真是了不起。

陸續傳來的堅強聲音

在大地震之後，我想有一段時期，一定一口氣多了許多被無力感和罪惡感侵襲、憂鬱和情緒沮喪突然惡化的人。即使沒有直接遭受災害，每個人也或多或少受到新聞影像的影響，引發不安和恐懼的心情。

我特別擔心從憂鬱症中重新站起來的人，和重拾自尊感變得積極的人們，會不會因為這次震災再次回到以前的狀態。如果回頭再次變成從前受盡折磨的自己，那麼到目前為止的努力就全都化成泡影了。

因此，在震災兩天後，我透過電子郵件、網頁及電話，大力呼籲大家繼續寫讚美日記。

只要體驗過「讚美日記」所帶來的美好效果，即使暫時停筆，也能輕易再次提筆。這麼一來，將可以防止自己陷入深層的沮喪和自我否定的漩渦中。

聽到我的呼籲後，許多人紛紛回信，在我確認了讚美日記的效果後，這才放下心來。以下是部分來信內容——

「我家附近並沒有受到太大的影響，但海嘯卻為十幾公里之外的地區，帶來毀滅性的災害。我有好幾位同事、朋友和認識的人，房子都被沖走，家人也過世了。這一連串的騷動讓我暫時停下了『讚美日記』，不過，接到你的電子郵件後，我又重新開始寫。在阪神大地震時，我相當沮喪，情緒不穩定，可是這一次，我並沒有太過沮喪，還是能夠好好生活。」（宮城縣．M）

「我已經恢復了精神，因為地震的影響，心情不穩定的狀況確實增加了。不過，哪怕是停停走走，我也要繼續寫『讚美日記』！稱讚自己真是一件好事。精力、勇氣和幹勁真的都會從內在湧現。我很想把自己體會『讚美日記』的感覺告訴你，所以寫了

這封信。」（東京都・Y）

「我並不是這次地震的受災者，但還是受到了很大的震撼，身心都變得非常不穩定。『為什麼會覺得這麼難受呢……？』原因我自己也不清楚，但是在看了手塚的網頁之後，我了解了。完成了我所能做的事之後（我所做的事就是捐款，祈求災區早日重建，並且開朗地過著「稱讚自己的每一天」），心情就變得穩定許多。最近，我覺得自己深深相信，日本一定有超乎想像的重建能力（畢竟我的老家神戶也已經成功重建了）。要療癒悲傷或許需要時間，我還是希望受災的人能夠盡快找回平靜的生活。」（兵庫縣・H）

「看了你網頁上的專欄後，讓我獲得許多勇氣……以往社會上只要發生什麼恐怖事件，我的情緒就會變得非常不安定，但是這次我並沒有感到不安，而是覺得那就先從自己能做的地方著手吧。我想這都是『讚美日記』的效果。」（埼玉縣・E）

「每當有餘震，我就會連聲說：『沒事的、沒事的、沒事的。』在我察覺到這件事之前，這些話已經傳進孩子的耳中。孩子們還告訴我：『妳現在才發現嗎？』原來『沒事的、沒事的』，早已成為我的口頭禪了。我一向很寶貝的餐具，因為地震掉到地上，幾乎全碎了。但是，我從震驚中很快就站起來，還有『沒事的、沒事的』這句口頭禪，我覺得都是『讚美日記』帶來的效果。現在自己的冷靜連我自己都很佩服，在心裡

充滿這種不安的時候，『切換的速度』（大膽放下執著）與『積極思考』顯得更重要呢。」（茨城縣．F）

「我發現自己每看一次電視就覺得心很痛，非常擔心，食欲愈來愈不好，似乎變得愈來愈消極了。這時候，我看了你的網站，才終於驚醒。謝謝你。我再次下定決心要繼續寫『讚美日記』，希望能夠開朗帶著希望，並且散發出這樣的能量。」（千葉縣．S）

「看了你的網頁後，覺得突然變得有精神了。讚美日記的效果真是太驚人了！因為震災的關係，社會上流傳著許多稱不上好消息的資訊，或許也因此，平常個性沉著的人突然變得情緒化等等，每天都發生許多令人驚訝的事，我自己也顯得有點情緒低落。可是，正因為在這種時候，我才學習到寫下『讚美日記』、保持冷靜的重要。書寫讚美日記過了一年，我已經自然而然懂得從負面的事物當中學習，在家裡盡量不說壞話，也不要被資訊左右。這就是我這次學到的教訓。」（千葉縣．Y）

震災帶來的成長——亞矢的來信

「聽到生命的聲音」的亞矢，也以郵件告訴我之後的狀況——

地震之後，我有好一陣子都沒辦法寫讚美日記。腦中一片空白，每天只拚命想著要活下去，又因為全身疲勞，沒辦法好好寫。但是看了老師的網頁後，心想：沒錯，應該多對自己說些溫柔的話。所以又開始寫了。

「我寫著：『真可怕，那時候妳真的非常努力，沒事的、沒事的。』這樣給自己能量和加油打氣，有時間的時候稱讚自己的身體，也稱讚自己的頭腦。

「頻繁地對自己說：生命的力量，心靈的力量，謝謝你們。我的生命真是十分珍貴啊！

「有時候心裡還是會湧現不安，這時我會對自己說好幾次：我沒問題的、我受到宇宙的肯定、我相信自己。晚上睡覺前，我也會對自己的身體傳達感謝，溫柔包覆著整個身體。

「對自己說些溫柔的話，真的會讓心情更加平靜。這麼一來，就可以看清楚現在的自己應該做些什麼。

「在震災中犧牲的人很多。在這當中，我卻還活著。

「雖然有許多悲傷和不安的情緒，也覺得很可怕，但還是活下來了。

「沒錯，我還活著。我心想，一定要堅強活下去才行。

「我在心中發誓，我要繼續寫讚美日記，尊重自己的生命，活出原本的自己，打從心裡感受幸福，用這個我最愛的自己，繼續活下去！」

在亞矢簡短的文章當中，可以清楚看到她因為讚美日記而成長的內在，我覺得非常高興。她已經學會控制不安等負面情緒的力量、讓心情沉著判斷現在該做什麼的力量，以及想堅強活下去的積極心情。這不但表示她的前額葉區等大腦功能很發達，也是自尊心對生命的感謝表露於外的象徵，這就是典型的「讚美日記」效果。

邁出新步伐時的支柱

對於擁有極度負面情緒和處於茫然當中而失去自我的人，我並不建議他們寫「讚美日記」。身處這種內外在的環境當中，要他們「稱讚自己」是不太可能的。

可是，當極度緊張的狀態消失、情感又逐漸恢復的時候，我建議務必試著寫「讚美日記」。

「讚美日記」並不會讓受災者被沖走的房子回來，也無法讓過世的家人重生。療癒心靈的傷痕需要時間。

即使如此，在遭逢巨大的失落感後必須開創嶄新人生時，讚美日記說不定可以重新成為人心靈的支柱。希望大家能夠抱著這樣的心情，活用「讚美日記」，作為在各種時刻陪伴自己心靈的工具。

即使無法馬上感受到效果，但這些正面訊息一定會傳遞到心靈深處和大腦當中。總有一天，這些訊息將會化為眼睛可見的效果，對今後的人生道路產生正面影響。

透過造成莫大犧牲的震災，我們更能明顯看到這樣的結果：「稱讚不但不會讓人軟弱，反而更能讓人保持沉著、勇氣、判斷力，以及療癒自己的能量，引發生命的能力。」既然如此，我更認為必須要大大向更多人宣揚這件事才行。

「讚美日記」是讓一個人潛藏在生命中的許多能力、意識和良心再次甦醒，表露於外的有效方法。堅強和勇氣也不例外，一樣能夠表面化。藉此，我們能夠透過內在的感動了解到自己生命的尊貴和深奧。這些感覺將會自然而然從心中湧現。

如果將自我否定認定是美德與善行，那麼，又能從何得知「自我生命的尊貴」呢？現今社會上仍然留存著這些矛盾的觀念，而我堅信，現在正是我們揮別這些舊觀念、切換到「新價值觀」的時候了。

處於非常時期，在倉皇中要書寫「讚美日記」很困難。若是心情低落或自我否定感較強的人，建議從平常就養成書寫習慣，這將能保護自己，培養更多生命的力量。

chapter 5

以讚美日記
活出自我的人

與其在意別人的眼光，更重要的是自己怎麼想

每個人都想擁有更美好的人生，所以努力活在當下。

可是有時候我們可能會被周圍的資訊左右，或是遭受挫折而失去方向，這就是人性。

我認為在失去方向、覺得迷惘的時候，若要馬上站起來找回以往的自己，平時就必須以尊重自己的生命為主軸，養成思考自己人生的習慣。

比起認為金錢比生命更重要，或者是嚮往他人瀟灑的人生等，這類在意他人評價的觀念，**更重要的是養成重視自己怎麼想、怎麼感覺的人生態度**。我相信後者會更能活出發揮自己個性、充滿自我風格的快意人生。

即使不是理想中的成功或知名人士，我們身邊仍然有很多充滿個性和魅力的人。

接下來介紹的案例，都是勇敢活出自我風格的人。

因「讚美日記」而更添光采的人

預防癌症復發的最佳良藥

——山本修（七十八歲）

我四年前認識了淨土真宗的和尚山本修，他報名我的講座「聆聽生命的聲音、自我尊重訓練」時，我其實有點擔心。恕我直言，我很擔心當時七十四歲的山本身體是不是很僵硬。

於是我打了電話給他。

「在講座中需要稍微活動身體，請問你的身體有任何不舒服的地方嗎？」

「不，沒什麼不舒服的。我想應該沒問題」

「是嗎，還請你別勉強自己……」

當天的參加者多半是三、四十歲的女性，不過身體最柔軟的竟然是山本。當然，山本也是在場最能吸收講座精神的人。他每天揹著十公斤的背包走路，跨兩級階梯對他來說根本是家常便飯。此外，他還愛唱抒情歌曲，甚至出了CD。山本就是這麼一位精采有趣的和尚。

五年前得癌症時，他拒絕動手術，而採用NPO法人「癌症患者學研究所」所提倡的正面思考語言等，不靠西洋醫學克服了癌症。

「心就是人的本體，心裡所想的語言和化成聲音的語言，一筆一劃地形成了我們的人生。我們不能允許負面話語在心中橫行，語言原本應該是讓人心想事成的道具，我們卻用來譴責自己，所以才會得癌症。『讚美日記』是預防癌症復發的最佳良藥。」

山本給了我們這樣的最佳保證。

摘自山本的「讚美日記」

✐我替弟弟取了法名（作者注：山本的弟弟過世了），也試著取了自己的法名，叫做小松院尺大修。

大修有「偉大的修行」的意思。不覺得害臊，也是一種偉大。一想到總有一天，我將帶著這個法名遠行到無限的世界，就讓我湧現出希望和勇氣。死亡的是肉身，而死亡後呈現的則是往生，前往新的世界重新獲得生命。就像輝夜姬（譯注：《竹取物語》中的主角，一對老夫婦在竹筒中發現三寸女娃，後來出落成豔麗的姑娘，取名為輝夜姬。她的美貌引來公卿王侯、甚至天皇的追求，但她運用智慧一一婉拒，最後在中秋夜裡穿上羽衣回月宮）一樣。

這世界實在是太美好了，原來我比自己想像的還要美好。

為了紀念弟弟往生，立了墓誌。結束地上生活的祖先們，只剩下名字這些話語，因為有這些人，才有現在的我們，所以我無條件地感謝他們。我非常重視祖先，也很重視他們的墓地。這份崇敬先祖的心情是我的驕傲，因為有了珍視自己的心，才會化為對祖先的敬畏。我心裡永遠保有對祖先的敬愛，這樣的自己實在是太難得了。正因為如此，已經年邁的我才能夠不靠年輕弟弟的協助，自力建立弟弟的墓誌。了不起、了不起，真不虧是僧侶啊。

跟我同年的S，在T的葬禮上跟故人見面時說：「再過不久，我也要到那個世界去了。」三個月後，S也突然撒手人寰。語言的創造力真是令人驚歎，若不是心中真正所願，即便是玩笑話也千萬不能說出口；相反的，若是心中所願，應該積極說出口。語言就是擁有如此神奇的能力。

✐我像念台詞一樣大聲念出「讚美話語清單」，確實感覺到光是念誦就讓自己變得開朗有精神，特別是看著鏡子裡的自己念出聲時，效果更是倍增。當我試著說出現在最希望別人對我說的話，心情更是好得不得了，表情也變得生動多了。

「你是我的恩人。從出生之後，這個人一直替我著想，不斷守護著我的幸福。謝謝你，從今以後也請多多照顧。」

「你是我的神。每次遭遇危險你都能夠把我救出來，真是太謝謝你了。就連癌症都能夠完全治好，你實在是全知全能的基督啊。這不是人能辦到的，這力量實在是太厲害了，謝謝你！」

「你是我最好的朋友。我最喜歡你了，因為有你，我才能夠永遠這麼開朗、幸福又安心，你實在是太棒了！」

我偶爾會半開玩笑地對聽眾說，各位不妨試著反覆發聲念出我書裡的「讚美話語清單」（本書第二十九頁），像念經一樣每天念這些話，那麼，也會像念經一樣一定被保佑的。對和尚說這些話，似乎有點失禮呢（笑）。……不過，看來果真有保佑啊。

✐音樂老師說我的歌聲很清亮。以前從來沒有一位老師曾經這麼說我，自從我開始注意到語言，聲音也跟著變了。

自從我知道語言會建構我們的人生之後，就開始避開灰暗悲傷的歌，盡量挑選明亮開心的歌，這麼一來聲音也會自然而然配合歌曲，變化為適當的聲音。

我張嘴的方式也改變了，以前老師會提醒我要把嘴巴張大，但我總覺得難為情，心裡很抗拒。最近張大嘴巴反而讓我覺得暢快，我的身心都變得比以前更開放，開始不畏懼，能夠盡情表現。這也是讓聲音變得清亮的原因之一吧，真是太好了。

✎歌唱發表會結束後，觀眾席後方傳來一位男性客人大聲的「BRAVO」，真開心。老師說，這句話就是對我聲音最好的肯定。

✎我的CD完成了。收錄了童謠、抒情歌等二十一首歌，能跟歌手一樣出專輯，一直是我的夢想，現在我覺得非常的滿足。成品的好壞並不是問題，我馬上就送給幾位朋友。一點都不覺得難為情的我，真值得讚賞……有勇氣。

✎每天早上我都會揹著十公斤的背包走一個小時。十年前發現癌症時，開始了這個習慣，現在癌細胞消失了，我還持續著，好了不起。

我在梨子果園的小道上，練習大笑十分鐘。邊走邊笑也可以鍛鍊歌聲，這讓我的身心都達到絕佳狀態。或許是我的表情也變得很生動，我在福笑大會上獲得優勝，在癌症機構雜誌的封面上，也以大篇幅刊出了我的笑臉「笑門來福」，這句話說的一點都沒錯，即使不覺得好笑，也試著去笑，真的會讓人覺得很開心呢。

散步時遇見的人常常會問我：「星期天不用工作嗎？」我總會回答：「我偶爾才工作。」後來想想，這表示大家覺得我還是能工作的壯年，自己看起來這麼年輕，實在很開心。

擁有自我風格、獨一無二的人生

——世尾哲士（三十九歲）

身為便利商店店長的世尾哲士，自從三個月前參加我的講座以來，下定決心一輩子都要持續寫讚美日記，至今沒有一天缺席。

「我讀過很多哲學書、宗教書和勵志書，不過因為太過動腦思考，反而使頭腦變得僵化。從這一點來說，讚美日記非常簡單，人人都能辦到。它不是用頭腦思考，而是由內在發出直覺和正面的力量。讚美日記上寫的是每天的生活，所以也會看到負面的部分，我自然而然就知道如何區別好的事和不好的事。不管是不是能馬上看到結果，我相信只要持續寫下去，總有一天一定會開花結果的。」

經過三個月的實踐，談論起「讚美日記」真髓的哲士，原本究竟過著什麼樣的人生呢？在我仔細聽完他的故事之後，我才了解，為什麼當時在講座上見到他時，他身上能夠散發出那麼獨具個性的光環。

出身於北九州的哲士，十幾歲就隻身到大阪從事過許多工作，包括土木工人、長程卡車司機、土木工程的工頭等，也曾過著脫離社會的生活……回鄉經營便利商店已經邁入第六年了，他一直努力將店面打造成獨具個性的便利商店。現在，可是一位相當認真的社長呢。

「人只要認真，沒有辦不到的事，我相信只要埋頭苦幹，全心投入，遵從心靈的引導，老老實實地去做，任何事都能辦到，一定可以實現的。而我也想讓其他人知道，夢想一定能實現。」

在他經營便利商店第四年時，在加盟主所舉辦的某項競賽中，獲得了九州一千三百間店鋪中的第一名。加盟主邀請他參加頒獎典禮時，他一口回絕，「當我成為日本第一時，我才要站上表揚台」「九州第一的下一個目標就是日本第一」，哲士原本有著這樣的目標。但是，當他每天開始書寫「讚美日記」之後，他的目標卻改變了。

「到目前為止，我做生意時都以拿第一為目標。可是，現在我改變想法。我想要在獨一無二的領域中獲得第一名，賺錢是數字的世界，但是，人不能光靠數字來評估。擁有自我風格、獨一無二的人生到底是什麼呢？總覺得那是一個清新、令人興奮、閃耀發亮的東西，但現在我只有一個模糊的輪廓。總之，我想要做些能讓人開心的事，我覺得只要持續書寫『讚美日記』，往內在去尋求，不久就一定會從內在湧現出更明確的答案。」

摘自哲士前一到兩個月的「讚美日記」

✎我馬上捐款給東日本大地震，真是了不起。

✎跟以前比起來，撿停車場的垃圾讓我更開心呢。廁所也打掃得比員工還乾淨，自己做得很開心。不管是店面還是心裡，都閃閃發光。

✎以前看到隨手亂丟垃圾等沒有公德心的人，會覺得很生氣，但是最近慢慢不會了，心裡的焦躁慢慢減少，心胸似乎變得更寬廣了。

✎早上上班前，我會先下定決心，今天一定要過得很幸福，然後再出門，這種感覺真是太棒了。

- 在職場上能夠有精神地主動大聲打招呼，這樣的我真是太帥了。
- 今天我開輕型車到下關去採購花，平常我騎自行車，汽車開的是輕型車。這種節儉的生活方式，我覺得很有我自己的風格。而有這樣想法的我，也很難能可貴。雖然覺得對顧客不好意思，但我並不想太過奢侈。
- 我去掃墓了。我每個月會到祖先墳前掃墓兩次，雙手合十傳達自己的感謝之意。
- 能夠每天堅持自己全心相信的事物，例如持續讚美自己等等，這樣的自己真是非常值得佩服。
- 我相信只要不著急，就能夠逐漸登上自己的目標（山頂），這樣的自己實在很可取。

哲士並未試圖抹掉過去的「負面」，而是直接接受自己的全部。可是，他相信這些部分總有一天一定會轉為正面，同時也稱讚著這樣的自己。

「以前的我，如果不以次等人自居，就沒有容身之處，所以反而讓我逞強。」

哲士是這麼說的，但是現在完全感覺不到他有這些弱點。過去的負面經驗，一定能夠反轉為將來的良善。我也這麼相信，默默在一旁替他加油。

聽說，自從他開始寫讚美日記後，店裡的營業額好像稍微增加了，不過這並不是讚美日記的效果，只是純粹的巧合而已。不管多麼努力，有時候沒有進展的事就是不會有進展。當時機來了，自然會看到結果。就如同哲士說的：「數字是上天給的。」

親子和老師的「三角讚美日記」

——吉田繪理子（五十二歲）

抱著想替孩子們留下寶物的念頭，每年都會和班上的孩子一起寫「讚美日記」的吉田繪里子老師，是位身材嬌小，卻有著龐大熱情的東京小學老師。

吉田老師在七年前參加我的講座，有過「讚美日記可以提高自尊感」的親身體驗，從隔年開始，便和自己擔任級任老師的學生們一起實踐。「從小開始寫讚美日記一定能夠培養起珍愛自己的心。對於生命來說，這是最棒的寶物。」年年持續之下，吉田老師自己也從這項嘗試當中，獲得了許多寶貴的經驗。

孩子們每天會將稱讚自己的話寫在吉田老師手工製作的「讚美日記簿」上，老師會用紅筆在上面寫上「讚美評語」，隔天交還給本人。每個星期天，孩子們會把「讚美日記簿」帶回家，請家長寫下讚美評語，星期一再帶回學校。

這種三角的實踐產生出三種不同的喜悅和幸福，到了學年末，每個人的心裡都萌生了微小但值得珍惜一輩子的寶物。

因為日記每天都要寫，老師的工作量相對也會增加。不過，吉田老師說：「一開始我覺得這是為了孩子們好，不過後來我知道，這不但是為了我的幸福，同時對家長也有幫助。」具體來說，有以下幾點：

❖看孩子們的讚美日記，可以發現平常沒注意到的優點。

❖為了要寫下評語，必須經常觀察每個孩子的優點，所以孩子在自己的眼中就愈來愈可愛了。

❖孩子們幾乎每天都受到老師的稱讚，所以非常喜歡老師，師生的關係也變得更加密切。

❖孩子們變得很會發現彼此的優點，並且化為語言來表達。

❖班上變得更加團結，家長相信級任老師都非常仔細在觀察自己的孩子，所以能建立起良好的信任關係（每到年底經常會收到「很高興是你擔任級任老師的信」）。

❖家長養成稱讚孩子的習慣，看待孩子的眼光也會改變，家長自己也能獲得成長。

摘自吉田老師的「讚美日記」

✎我今天也非常仔細地在孩子們的讚美日記上留下評語。一邊寫一邊想著孩子們高興的臉，騰出時間來做這件事的我，真是非常努力，不過我自己也很愉快。

✎明明是放假日還到學校工作，我真是熱心啊。回家後也有許多事要忙，我再怎麼忙，還是會洗孩子的制服，真是愛乾淨。我工作好勤奮啊，一點都沒有「為什麼自己要這麼辛苦」這種不幸的想法。

✎昨天晚上睡覺前，我對身體說了聲謝謝。我聽到身體回應「放心交給我吧」，所以很舒適地睡著了。今天早上很舒服地睜開眼睛，昨天晚上一點左右睡，但是早上五點半就起床，實在是太有效率了。能夠感謝自己身體的我，非常了不起，而身體也確實回應了我的心意。

✎和孩子們持續著「讚美日記功課」，就能夠深切了解孩子們的優點，開始覺得孩子們非常、非常地可愛，而孩子們也能夠展現互相體貼的溫柔。今天M溫柔地提醒又忘了帶東西的Y，看到他們相處的樣子，我覺得真幸福，希望他們永遠都不要忘記現在的體貼。

晚上睡覺前，我整理了房間，希望福神要來我家啊，呵呵呵。

我還整理了桌上，突然想到可以利用道具盒。會想到這種點子，真不錯。

我送了禮物給總是幫我照顧孩子的婆婆，她覺得很高興，我真是個好媳婦。

我騎腳踏車到學校去，花了三十分鐘，體力真好。

孩子們跑上前來，喊著「老師、老師」，搶著跟我聊天。多虧了「讚美日記」，孩子們真的非常喜歡我，實在令人高興。「讚美日記」的效果真是太棒了，而實踐讚美日記的我也很棒。

陪兒子寫功課到很晚，我真是個好媽媽。

為了趕在早上七點半前到校，我早上五點半就起床做便當，真是了不起。

今天的講義今天就改完了，今日事今日畢，工作真有效率。

今天比平常還要早回家，把明天要做的工作記在筆記上，工作都確實完成了。真棒、真棒。我認真記下學年主任應該做些什麼，明年開始就是主任了，希望自己能夠好好帶領整個學年。

學年集合的時候有點慢，心情有點差。不過我馬上就切換了心情，心想明天開始一定要當第一。能夠這麼快有這種心情的轉換，真的很了不起，下一次該怎麼行動才是重要的。

今天是（孩子們）把「讚美日記」帶回家給家長的日子。不知道家長們會寫些什麼呢，希望不要有人忘了寫。雖然家長只是一時大意，但孩子們會很傷心的。

停了一陣子的「讚美日記」，又連續寫了兩星期。

好事情果然增加了，心情的轉換也變快了。

我想到由全班一起來製作一份種子的圖鑑。這個點子真不錯。

我對U同學說：「要是有人跟你說對不起，你就原諒他吧。你跟媽媽說對不起之後，她也會原諒你不是嗎？」結果U同學對我說：「沒有。我道歉之後，我媽媽還是不肯原諒我。」

聽了真令人難過，這麼一來，孩子就學不會原諒別人了，這位媽媽如果能夠寫「讚美日記」，一定能夠變得更溫柔的啊。

能夠在短時間之內煮好飯，是因為做事情的步驟很有條理，真是厲害。下廚跟工作一樣，都愈來愈棒了。

今天早上早起替兒子做了便當。一刻都沒停下來，努力地工作呢。

我等全班都安靜下來之後再說話，真棒！稱讚孩子、稱讚自己，我也在寫「讚美日記」，我就是讚美高手。

九十歲的「讚美日記」，持續十六年不生病的生活

——藤本多美（九十歲）

十六年前的某一天，我收到一張明信片，看了內容之後，我打從心裡覺得驚訝，不會吧，這怎麼可能！明信片上是這樣寫的：

「我天生體質虛弱，從小就體弱多病，活到今天沒有一天是健康的。在死之前，哪怕只有一次也好，希望自己擁有健康的身體。」

信上寫著希望能夠透過參加我的課程，實現她的心願。

但是年齡欄上寫著七十四歲。

我真的能夠替這位比我年長幾十歲的高齡前輩實現願望嗎？而且還是這麼困難的問題。我馬上認定這是不可能的，心想該寫封信拒絕她。

但最後我改變心意，並沒有拒絕，接受了藤本多美的要求，而多美在明信片上所寫

的文字，現在已經成為事實了。

當時為了累積「讚美日記」的實證，我每週舉辦八次以上的講座。這些講座會搭配瑜伽或感覺訓練一起進行，確實有很多人的心靈和身體都能夠在短時間之內恢復，靠著大家口耳相傳，講座總是爆滿。多美也是經由朋友介紹才知道我的課程，捎來明信片的。

多美從年輕時就勤練瑜伽和靜心，所以身體非常柔軟，但是心靈卻充滿對自己的負面意念，言語中也充斥著對自己的負面語言，相當僵硬。

生長在認定女子婚後應該聽從丈夫與公婆的意見、並視之為理所當然的時代，多美向來以為自我否定才是對的，所以會有這種傾向也在所難免。至於身體方面，以往她想必憎恨著自己的身體，當然也不曾稱讚過自己。

總之，只有請她相信我的方法論，有毅力地持續書寫「讚美日記」，另外，也要每天利用感覺訓練，對自己身體的每個部位傳達感謝的話語。我還要她答應我，再也不能對自己說出類似「像我這種人怎麼可能……」的負面話語。

過了一陣子，多美表示，「這裡本來不太對勁的，現在已經好了」「這個地方變得很舒服」，她開始慢慢出現變化了。

七十四年來，身體總是有某個地方不舒服，也接受過好幾次手術的多美表示，她從來就不曾去旅行。短短半年之後，她竟和朋友一起搭乘巴士，到富士山的山腰去旅行了。

身體健朗後，她在七十八歲時於自家開設了教導「讚美日記」課程的教室；八十二歲時，還和姪兒一起到洛杉磯去旅行。在那之後，為了想要看我的網站，還學了電腦，現在和我用電子郵件往來，對她來說已經是稀鬆平常的事了。

多美當年寫在明信片上的願望實現了：十六年來，從不曾生病，健健康康一個人生活著。

當我拜託多美：「我想把多美的讚美日記刊載這次出版的書裡，希望妳能寄來給我。」「什麼，要收錄在書裡嗎？」多美顯得很猶豫。我馬上告訴她：「多美，請妳當作是這輩子最後的工作，寄給我吧。」「好、好，我知道了。」於是，大家才能夠看到九十高齡的多美充滿鮮活感性的「讚美日記」。

摘自多美最近的「讚美日記」

年過九十還能夠順利操持家務，真是值得感謝。自己身體這麼健康，真好。

我保養得太棒了，身體和心理都比年輕時有朝氣，真是難得。我的身體這麼健康，實在了不起。謝謝。

今天去探望好久不見的妹妹。房間裡各個角落都可以感受到她媳婦的細心體貼，實在是個好媳婦。我稱讚妹妹，妳真是幸福啊，妹妹也露出滿臉的笑容附和：「就是說啊。」生病的妹妹在日常生活中的幸福，讓我覺得很開心，打從心裡也跟著覺得幸福了起來。我真是喜歡這樣的自己。

我在陽台上種下了黃瓜的幼苗，不久後的一個早上，我驚訝地發現它已經長大了。長長的藤蔓正在尋找可以攀附的東西，展現的生命力真讓人感動，連我也獲得了滿滿的元氣。

我一方面感謝上天賜給我健康的身體，原本覺得活得太長、差不多該離開世界的我，竟然又湧現了活下去的力量，應該要好好完成我真正的使命才行啊。能發現這點真是太好了。

✎一邊照料陽台的植物，一邊對它們說話。我享受這種樂趣，也覺得心情變得平靜，在植物帶來的波動當中，內心深處有所成長的我真是太美了。

✎印表機故障了。因為印表機墨水匣的外蓋沒有關緊，導致接觸不良。要壓住外蓋，得自己伸手按住，這麼一來就沒辦法分出手來工作了。於是我想到可以拿重物壓住蓋子，大約五公斤就解決了。多虧了這個想法，印表機還能夠使用。一個小小的想法就能夠修好印表機，真是太棒了。而為了這件事而高興的我，也挺不賴的。

✎最近即使裝上助聽器也聽不太清楚，許多講座都沒辦法參加了，就在我覺得減少了跟人接觸的機會、真是寂寞的時候，能夠接觸手塚老師的網頁和其他人的部落格，實在很令人感謝。能經常保持向上的心情，這樣的我真了不起。

✎今天我特別用心打掃，太棒了，掃得真乾淨。

✎今天早起的我，忍不住對著上升的太陽雙手合十做出感謝的祈禱，真美。

✎不知不覺中離開大樓的邊緣高升到天空中的太陽，讓我感受到一瞬間都不停止的宇宙的律動及神祕。我淚流不止，這或許是心底深處的投影吧。這真是太棒的體驗了。

✎早晨的陽台上，陽光充滿了我心底深處，充滿光亮的我真是幸福，相當感謝。

✎帶給我好精神的黃瓜，一個接一個結實了，真是太感謝你們了。

✎每天晚上我一定會向祖先獻上我的感謝，同時也養成感謝過去照顧過我的人，以及現在正在照顧我的人，然後再入睡，這真是個好習慣。

我覺得多美應該是上天派到我面前的使者，她讓我知道，**任何人身上都有無限的可能。只要讚美、感謝自己的生命，在心裡擁有認為自己是尊貴存在的自尊意識（而不是腦中），就可以打開無限的大門**。我覺得上天透過多美，除了想告訴我這個真理，也想要告訴我，放手去開辦我正打算籌畫的課程吧。

稱讚身體，突破體能極限

——藤本明久（六十歲）

因為想參加全馬拉松，年過五十歲才開始跑馬拉松的藤本明久，現在六十歲。他靠著稱讚自己的身體，稱讚自己的肌肉而跑。在二〇一一年二月的東京馬拉松達成自己的最佳紀錄。

明久的讚美日記已經寫了三年半，他的太太從旁觀察他寫讚美日記的樣子，原本覺得很懷疑：「稱讚自己有什麼用？這個人還真奇怪。」

不過，明久告訴她：「不如妳自己也來試試看。」事實上，實踐之後，竟然在半年之間有了意料之外的收穫。

❖更容易坦率傳達自己的心情。增加了和原本不喜歡的人對話的機會，心裡少了許多堅持，開始能發現別人好的一面。

❖對工作上的許多壓力。能夠更積極思考，心情變得更輕鬆了。

❖能接受自己所做的事，並且覺得滿足。

他的太太實際實踐之後心想，原來如此，讚美日記還真有趣，在那之後也參加了我的講座。

明久看到自己因為持續「讚美日記」，能夠更有建設性地面對工作上的壓力，並實際感受到「人不管從幾歲開始都有可能改變」。心情變得更加從容，也開發了以往從沒有過的感覺。這又是他未曾想過的收穫。

比方說：

❖開始能夠享受上班途中的花花草草、季節的變化，以及慢跑中的自然風景。

❖五十七歲的我開始覺得打掃或下廚並不是在幫忙太太，而是自己分內的工作，這也讓我覺得這些事做起來更加有趣。

❖跟太太一起聊天，共同行動的機會增加了。

生命深度更增加的明久覺得自己好像比以前更上一層樓了，對於「讚美日記」的效果之大感到佩服，也持續地稱讚自己。

明久也發現，自己幾乎從來沒有稱讚過讓自己體會馬拉松樂趣的健康身體，於是從二〇一一年正月第一次跑步開始，他就每天讚美自己的身體。

摘自明久正式比賽前的「讚美日記」

二〇一一年一月三日 在荒川的河堤上，第一次跑步。途中累到很想休息，但還是跑到最後，注意到「將重量確實放在單腳上」之後，肌肉似乎也跟上來了。我的身體啊，你真是非常努力。

二〇一一年一月十一日 早上在棉被裡表達了對身體的感謝。從今以後，我還會繼續持續下去，這個週末要好好享受荒川旁的比賽。我真是喜歡這個現在已經覺得興奮不已的自己。

練習後，腳踝前方有點腫。醫生給了我貼布，雖然持續了一兩個星期，還是覺得有點怪怪的。

二〇一一年二月三日 二月一日和朋友一起快樂跑了一場。前幾天的練習導致左腳踝的腫脹，雖然讓我有點擔心，我還是能夠保持放鬆的心情，實在非常難得。現在在走路的時候，左腳踝還是有點怪，但問題不大。總之還是快樂地跑了一天。

青梅馬拉松真的讓我非常期待。我好喜歡自己積極的心情，我整個身體都在期待明天，這樣的自己真是了不起。一邊和身體對話，一邊把手放在腳上告訴它，謝謝你，你真的非常努力。很期待自己的身體和心靈，從今以後不知道會出現什麼樣的變化呢。

二〇一一年二月五日 今天慢慢跑了四個半小時，不安的心情漸漸消失了。

能夠打從心裡享受這個過程的自己實在很不賴，雖然還有一點不安，我還是稱讚自己的身體，將手放在肌肉、腳上，傳達對他們的感謝。青梅馬拉松、東京馬拉松、板橋馬拉松、富士五湖馬拉松，決定要挑戰這些比賽而感到雀躍不已的我，實在是太厲害了。

二〇一一年二月十二日 我經常會想，「這種時候要是以前的我，一定會覺得很著急吧。」但是，現在我已經能夠從容地說：「就算這樣也沒問題的。」這樣的自己讓我感到很高興，實在是太可靠了。

我每天都對自己的腳說：「你真努力，了不起，謝謝你。」一邊感受著自己的腳，一邊與他對話。我有預感一定可以順利的，我喜歡這個變得樂觀的自己。我竟然能夠有這麼大的改變，真是太神奇了。

二〇一一年二月十三日 我一邊跑步一邊對自己的身體說話。我也仔細聆聽身體的聲音、肌肉、骨骼、整隻腳、整個身體，我認真和他們說話，狀況很不錯，就這樣持續下去吧。

二〇一一年二月二十日 青梅馬拉松當天。直到前一天心情都沒有任何不安，在跑的時候也並不覺得不安，跑得很好。我真是太努力了。

二〇一一年二月二十七日 東京馬拉松當天。不帶一絲不安地站在起跑線上，比我自己創下的紀錄又快了兩分鐘，真的好高興，太棒了。這一次真的跑得很舒暢愉快，我的腳、肌肉、身體的一切，謝謝你們，我辦到了。

一邊稱讚身體一邊跑

東京馬拉松隔天，明久傳了一封這樣的郵件來——

「謝謝你在東京馬拉松來給我的加油能量。昨天的天氣比天氣預報還要好，我真是非常幸運。

「這是我第五次參加全馬拉松，到目前為止，每次到終點前十公里左右步調就會減緩。我一直想要克服這個關卡，這次終於靠讚美日記實現目標。能夠不減緩步調跑到最後，這還是第一次，讚美的效果真是太驚人了。

「這次就算我的腳、身體有任何地方覺得病痛，都不奇怪。可是，我卻一點問題都沒有。自從我的腳有點腫脹之後，我依照老師的建議，洗澡時將手放在腫脹的地方對他們說話。晚上在棉被裡，對整個身體（包含腫脹的地方）表示感謝，我想這也有很大的效果。

「從今以後我也會繼續持續對身體的讚美，以及感謝。」

我以前曾經想過，為了延長跑步的距離，試著一邊稱讚腳部的肌肉和身體一邊跑，將自己的意識放在肌肉上，持續灌注讚美的語言。當跑起來覺得辛苦時，不刻意去意識到自己的辛苦，轉而向心臟傳達鼓勵、讚美或感謝的語言，一邊跑，結果慢慢就能延長跑步的距離了。於是，我才能夠充滿自信地建議明久試著一邊讚美，一邊跑。

另外，用手放在疼痛或腫脹的部分讓傷勢緩和的方法，在日本從以前就已經這麼做了。抱持肯定的心情，面對手所放置的部分，傷勢會好得比較快，在我身邊周遭的人都實際體驗過。

肯定意念的能量，可以促進肌肉或身體的功能，這並不是什麼不可思議的事。由於也同時提升了精神上的力量，所以，我認為這是一種能夠一邊做運動，一邊提高自尊心的「極致自尊感覺訓練」。

身處東日本大地震災區中

——小笠原紀子（四十六歲）

二〇一一年三月十一日以後，吞噬了街道的地震海嘯，宛如另一個世界的影像，占據了電視畫面。連日來一直看到「岩手縣山田町呈現毀滅狀態」的播放。我的思考暫停，心裡不斷盤旋著「怎麼辦、該怎麼辦」的念頭。

剛好在一年前，小笠原紀子從山田町帶著還在讀小學的孩子，大老遠到東京來參加我的課程，我非常擔心這對母子的狀況，卻無法和他們取得聯絡，每當從電視上聽到「毀滅狀態」這幾個字，我就會流淚到哽咽不止。

兩星期後，行動電話終於又接通。我接到電話的當時幾乎泣不成聲，但是紀子的聲音跟我剛好形成對比，顯得非常開朗。

「我家在山上，不要緊的。」

「那孩子呢？」

「孩子在小學裡避難，也沒事。我們住的公寓和學校都沒有問題，不過公寓現在停水停電，所以我和女兒在附近的避難所生活。」

「妳千萬別沮喪，要繼續寫『讚美日記』啊！」

正因為我認識一年前的她，很擔心她再次陷入憂鬱，因此再三勸她一定要寫讚美日記。

「我這一年來一直持續寫讚美日記，不過自從地震後，完全沒有寫下讚美的話，日記雖然有寫，但已經沒有心情想其他的事了。不過我從今天開始會再繼續寫的。其實，我比自己想像的還要平靜沉著，我也覺得自己有了很大的改變。幸好我一直有在寫讚美日記。在精神上，我真的一點都不要緊。」

紀子的家住盛岡，她的公寓和工作的學校都沒有毀壞。整個城市瀕臨毀滅狀態，但是只要還活著就值得感謝。說不定她的聲音，就是因為帶著這樣的心思才顯得如此開朗。跟她說完話後，我總算放下心來。

紀子是小學老師，丈夫一個人住在盛岡自家。三年前，她來到山田町赴任，和小學三年級的女兒兩個人一起住在這裡。

一年前開始寫讚美日記的紀子，曾經給我這樣的回饋。

「以前我老是責備自己，總認為要是稱讚自己、鼓勵自己，會讓自己愈來愈不中用。可是，當我給自己一些正面話語，例如『妳做得很好嘛』『就算這次辦不到，下次一定行』，心裡竟覺得溫暖了許多。透過鼓勵和稱讚，我開始能夠相信自己，我真的覺得很高興。這種感覺自從國中以來（三十多年來）從沒有過。現在我慢慢能夠在希望中生活，能跟自己好好相處之後（我第一次有這種感覺），也發現孩子更多優點，這真是從沒有過的巨大變化。非常謝謝你！」

在震災後兩個月我見到紀子，之後也頻繁地和她通電話，我可以感受到，她所表現的絕不是強顏歡笑的開朗，而是找回原來的自己，積極自立地工作。同時，她也懷抱著愛對待自己的女兒，對於自己班上的孩子們，也用盡所有能量，全心努力著。

紀子從二〇一一年三月十一日到三月二十四日之間，寫下了「沒有讚美的讚美日記」，以下介紹震災後的一部分讚美日記：

摘自紀子震災後的「讚美日記」

✏ **三月十一日下午兩點四十六分** 發生大地震了。我朝孩子們大叫：「把頭躲到桌子下！」我一直大叫著：「很快就結束了，不要緊，很快就結束了！」但地震始終沒有平息。我對自己說「沒事的、沒事的」，企圖鼓勵自己。

到校園中避難，因為很冷，便用藍色防水蓆將孩子們罩住。

孩子們正想進入校舍中拿行李，但地震又來了……等了一會兒之後，走向校舍，地震又來了。好可怕、好可怕。得好好保護孩子們才行。

由紀（女兒）怎麼了？一定沒問題的。

過了不久，家長都來接孩子。一一將孩子交到家長手中，讓他們回家。

家裡有人的孩子都回家了，海嘯警報響起。因為處於山裡，不清楚發生了什麼事，心裡覺得很不安。

在那之後，職員們也都抱著不安的心情回家了。

三月十二日 昨天由紀和大槌的老師在車裡過夜（在南小學）。

深夜裡，山田街道上發生了火災。到櫻花幼稚園避難。

紅色的火焰吞噬了街道，為什麼沒有辦法撲滅呢？整個城市都要燒光了。

消防似乎無法發揮功能，街上全是火。

開始慢慢分不清楚什麼是現實了，究竟會變成什麼樣子呢？

父母沒事吧？無法和他們取得聯絡。火還沒有滅。沒問題嗎？

去檢查我住的公寓，公寓附近是成山的瓦礫。一轉眼間就粉碎成瓦礫，真是千鈞一髮。

三月十三日 我找到在豐間根中學避難的父母。他們沒事，真是太好了。他們當時正在從盛岡醫大回家的路上，車子停在一〇六號線旁邊。運氣非常好，已經確認叔父、叔母死亡。

三月十六日 汽油幾乎用完了，我走了五公里的路到小學去上班。先生被警察攔下盤查，但還是甩開了警察來到山田。看到我和由紀沒事，他顯得很放心，周圍的人也都替我們拍手。由紀跟先生一起到盛岡避難。

進入學區後，看到寫著「請用水」的字。似乎是有湧水的人家提供的，我心懷感謝，將水裝進寶特瓶，也順便嘩啦嘩啦地洗了臉。

學校裡有電了，學區大部分都沒有受到損傷，但是水還沒有來，再來只要有水來就好了……

三月二十三日 畢業典禮。大家都那麼努力練習，但畢業典禮的規模卻縮小了好多，孩子們真可憐。可是，也有些學校連畢業典禮都沒有辦法舉辦。六年級的孩子們。希望你們在這次的經驗中能夠有很大的成長，希望你們能夠堅強地活下去。我打從心裡這麼祈禱。

三月二十五日 手塚老師打了電話來，她非常替我擔心。

她告訴我要繼續寫「讚美日記」，說到這個，我持續寫了一年多的「讚美日記」，自從震災發生後，完全都沒有稱讚自己，忘得一乾二淨。對了，要稱讚自己，為了保護孩子們，我非常努力，真是了不起。

昨天在盛岡的家中，和由紀一起度過了悠閒的一天。之前都住在避難所裡，這下終於可以伸展雙腳，好好睡一覺。真是太值得感謝了，忍不住露出笑臉。露出笑臉的我，實在非常美。

三月二十八日 一切都復原了。昨天晚上在山田的公寓住了一夜。太好了，這裡有水可以用。

心懷感謝！差不多可以從盛岡把由紀接回來了……由紀說，想早一天跟媽媽一起住，這麼一來就可以離開避難所了。不過，在避難所還有許多受災的人。我又切身地感受到，平凡的生活到底有多麼值得感謝。

學校也該開始準備新學年度了。

能夠這麼有計畫地思考……我真是太了不起了，就這麼繼續下去吧。

三月二十九日 昨天我開始準備年度計畫了，我詢問了許多不同部門的人，真是太有效率了。

打了電話給由紀。

跟照顧過我的人道了別，離開避難所。能夠好好向大家道謝，真是了不起。總有一天，一定得好好報答大家才行。

四月四日 恢復供電了，我和由紀回到公寓。車子的爆胎修好，還加了油。瓦斯和水也都能使用了，終於恢復了平常的生活；但是，總覺得有點對不起住在避難所的人們，希望大家也能早日搬進組合屋。

學校還沒有開學，所以我帶由紀到學校去上班，她很安靜地在旁邊等我。明天希望有多一點時間陪她玩，帶著由紀一起去上班的我，真是了不起。我能夠注意到各個地方，積極整理因為地震而散亂的教室。現在在工作上這麼能幹的我，跟一年前完全不同。不管是頭腦或身體，都相當積極地在活動，真不錯。

四月六日 無法集中精神工作。

既然如此，不如多花點時間玩。由紀在我工作的地方都小心翼翼的。就算無法專心工作，我也能不太過在意，如果是以前，我一定會責怪這樣的自己。現在的我真從容。

四月七日 女兒從盛岡回來一個星期。工作的進度稍受到影響（因為由紀會跟我一起去上班）。但是，跟由紀在一起時，會覺得她很可愛的我，真是跟以前大大不同了。

太好了，今天也要好好加油喔。

四月九日 女兒說：「我說教的口氣聽起來很尖銳。」聽到她這句話，我真的很生氣。明明在對她說教，怎麼反而被指責我說教的方式不好，怎麼會這樣……由紀不曉得有沒有了解我的心意，但是，我還是誠實地面對她，說出自己覺得該說的事了。

我也反省了，覺得自己不應該在心情焦躁的狀態下對女兒說教。能夠這樣面對女兒的我，跟一年前真的完全不一樣了，非常好。

四月十日 新學期從二十日開始。

我每天看書，希望能持續這樣的心情。真好，去買些能讓自己有靈感的書吧。

一年前接受（手塚老師的）講座之後，一直往好的方向改變。

我要保持毅然決然的態度，不接近奇怪的人，也不讓他們接近。以前的我老是想要讓周圍的人喜歡自己，而受到別人的擺布。現在，似乎變得能多愛自己一點了。我開始相信自己的直覺，太好了，我一定還會有更多成長的。

四月十一日 到隔壁的小學（這個學區的房子幾乎都被沖走了）幫忙整理教室。以前的我多半會一個人煩惱，該做這個嗎？還是不行呢？把自己弄得很累，現在卻能輕鬆地收拾、整理、上蠟。能夠自己思考，並且馬上行動的我真了不起。

體育館裡有許多避難的災民。從職員室就可以看見成山的瓦礫，在更遙遠的地方，平靜的海正發著亮光，好像夢中的影像。

明明只是隔壁的學校，卻大大不同。這裡的職員和孩子們一定都很難過吧，我們的學區在山裡面，所以幾乎沒有受災。下次，我還想再去幫忙。

四月二十日 開學典禮。因為沒有時間指導，二年級幾乎沒有出聲歡迎新生。不過，這也是沒辦法的。

平常，總會有豪華的鮮花裝飾，現在因為花店也沒了，今年就使用人造花。孩子們真可憐。但是，也有許多學校沒辦法舉辦開學典禮，能夠舉辦就是一種幸福了。

希望孩子們也能夠忍耐，繼續加油。讓山田町早日重建，將來就靠這些孩子了，希望他們都能夠留在這裡繼續努力。

某月某日 瓦礫下發現了遺體。聽到這件事時，心裡真難過。在避難所有人說：「我不會要你們幫我的，我真想死。」上了年紀的人真可憐，還活著的我應該心懷感激地活下去。

某月某日 每天除了讚美日記，我還會做感覺訓練，身體覺得狀況很好。星期天我到學校去加班，真了不起。今天也要好好動腦筋加油。進行感覺訓練時，會想要好好愛惜身體，比光寫讚美日記時，更能夠保持從容的心境。我對孩子們大聲說話的次數也少了很多，不再暴躁。哎呀，我的變化真多，真不錯啊。

某月某日 運動會結束。因為日程延後，學會了等待，也能夠讓許多活動有更多練習的時間，閉幕典禮也很棒。孩子們的表情和活動，看起來就像一張張靜止的照片畫面一樣。我真想把孩子們現在的努力，化為語言好好告訴他們，這麼積極的我，感覺真好。

幾乎所有的學校，校園中有一半都是組合屋，剩下的一半，再劃出一半當作停車場。運動場只剩下四分之一，所以沒有辦法舉辦運動會，也不能踢足球，沒有地方玩。

我告訴孩子們：「舉辦運動會並不是理所當然的事，而是一件非常幸福的事。」別的學校來借用體育館和校園，請盡量使用吧。加油、加油啊！

帶給周圍自信的力量

紀子的讚美日記話寫得並不多，但是，跟我在電視看到被成山瓦礫掩埋的街道和避難所的光景重疊，讀了她的日記，受災區的每一天顯得如此真實。讓我覺得胸口一緊，非常難過。

還好一年前，紀子說她希望找回三十年前的自信和希望，真的太好了。我打從心裡想告訴她，也非常謝謝她在受災區這麼努力。

一個人能不能能夠充分發揮自己原有的力量呢，不僅會為他的人生帶來巨大的差異，甚至連他能帶給、造成家人和周圍的人多少多大的影響，都會有很大的不同。

克服困難之後就能看到希望，身為老師的紀子，藉由自己的親身力行，告訴孩子們，克服困難後，前方就有希望。同時，也傳達了相信自己的重要。

〈後話〉遇見真正的自己之旅

看了本書這許多人生改變的案例，大家有什麼感想呢？

這並不是紙上談兵，都是實際發生的事實：只要養成讚美自己的習慣，讓肯定看待自己的迴路加寬，就能夠彰顯人潛在的本質能力和意識，獲得內心的幸福。

現代人往往將價值放在複雜的事物上，或許會覺得很難接受這種簡單的原理。可是如同「Simple is Best」（簡單的最好）這句話，也有人認為，真理往往蘊藏在最簡單的事物當中。

我自己在找出這種簡單的方法論之後，確實也覺得不可思議，不禁懷疑為什麼會這麼有效，便在好奇之下，閱讀了許多腦科學相關書籍，並累積實證、不斷思考，終於發現「生命的讚美、生命的肯定」就是連結到宇宙龐大生命的源頭。正因為是源頭，當然必須簡單才行（請參照下頁圖）。

我們的宇宙充滿了「無限的肯定、愛的能量」

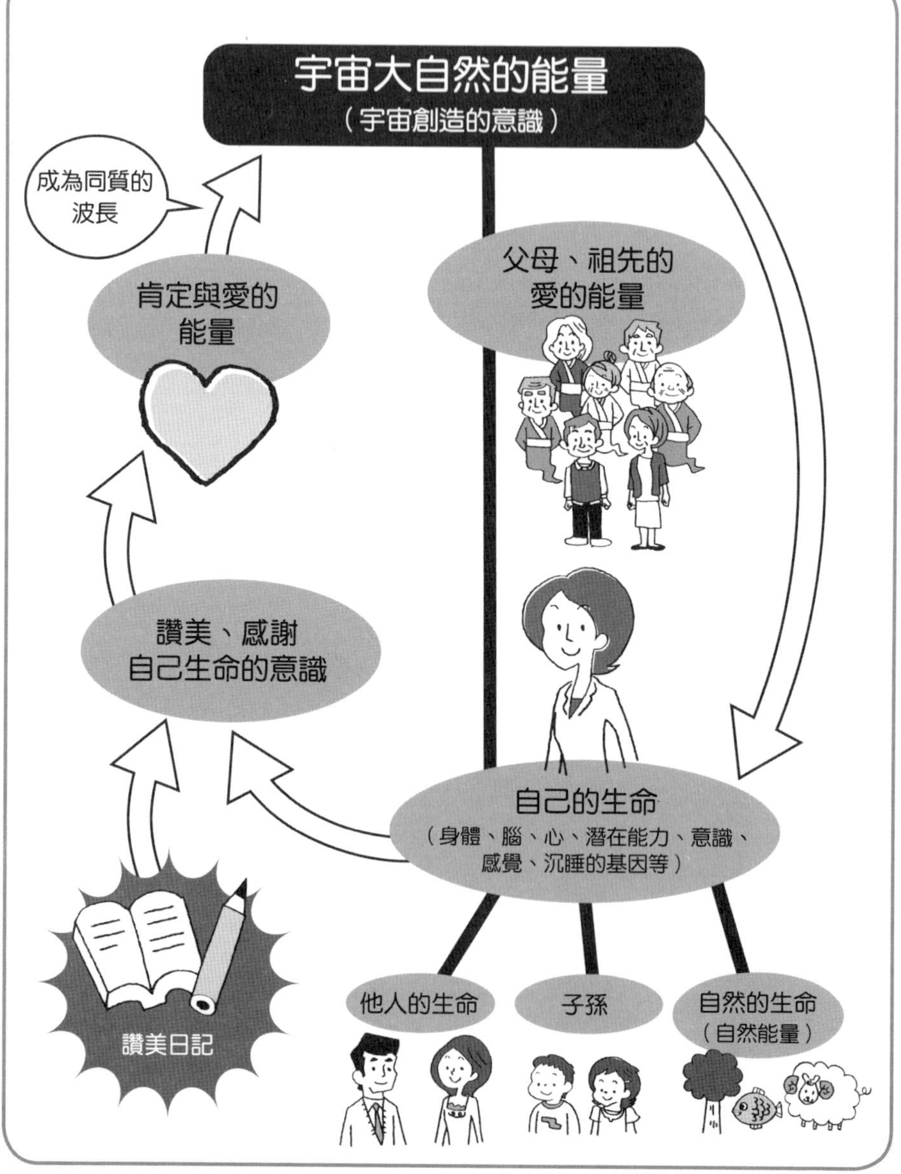

我們的生命都跟宇宙大自然的能量（意識）相連結，並且寓居其中。沒有任何生命能脫離這個範圍而生。

宇宙大自然的能量是肯定各種生命的能量，只要依照這個普遍法則（生命肯定法則）而生，也就是對自己被賦予的生命抱持感謝、肯定及讚美，那麼生命就能發揮原本的能力，愛和幸福感、協調等意識也會自然活化，浮出表面。

如果有一個東西企圖抵抗地心引力，往上移動，那會怎麼樣呢？不但會非常痛苦，還會消耗相當大的能量，最後還是無法抵抗吧。同樣的道理，如果違反肯定法則，否定、看輕自己的生命，活著也會變成一件痛苦難過的事。

如果你也覺得活著很辛苦，或者很想遇見真正的自己，請想像自己搭在銀河鐵道的列車上飛翔，依循宇宙的法則遨遊，來一趟探尋自我宇宙的旅行吧。而車票呢，對，就是一本「讚美日記」（很便宜吧）。

如同天上有無數顆閃耀的星星，你身上也有無數精采動人的可能在等待出場機會，如果各位能發現到這點，就是身為作者的我最快樂的事了。

謹在此對提供本書出版機會的三五館同仁，願意提供自身經驗作為參考、答應在本書中刊載經驗談和「讚美日記」的各位，以及透過電子郵件、書信等捎來許多感想的各位，還有關照過我的各位，致上我無比的感謝，謝謝。

國家圖書館出版品預行編目資料

讚美日記：日本最受歡迎的生命課程 / 手塚千砂子 著；詹慕如 譯.
-- 初版.-- 臺北市：方智，2012.11
192 面；14.8×20.8公分. --（自信人生；101）
譯自：ほめ日記自分新発見：自分で自分を大切に

ISBN 978-986-175-288-4（平裝）
1. 自我肯定　2. 成功法

177.2　　101018825

The Eurasian Publishing Group
圓神出版事業機構
用心與你對話．視野無限寬廣
方智出版社
Fine Press

http://www.booklife.com.tw　reader@mail.eurasian.com.tw

自信人生 101

讚美日記——日本最受歡迎的生命課程

作　　者 / 手塚千砂子
譯　　者 / 詹慕如
發 行 人 / 簡志忠
出 版 者 / 方智出版社股份有限公司
地　　址 / 台北市南京東路四段50號6樓之1
電　　話 /（02）2579-6600．2579-8800．2570-3939
傳　　真 /（02）2579-0338．2577-3220．2570-3636
郵撥帳號 / 13633081　方智出版社股份有限公司
總 編 輯 / 陳秋月
資深主編 / 賴良珠
責任編輯 / 溫芳蘭
美術編輯 / 劉鳳剛
行銷企畫 / 吳幸芳．簡琳
印務統籌 / 林永潔
監　　印 / 高榮祥
校　　對 / 賴良珠
排　　版 / 陳采淇
經 銷 商 / 叩應股份有限公司
法律顧問 / 圓神出版事業機構法律顧問　蕭雄淋律師
印　　刷 / 祥峰印刷廠
2012年11月　初版
2024年4月　12刷

定價 250 元　ISBN 978-986-175-288-4　